Johann Gottfried Herder

Gott

Einige Gespräche

Johann Gottfried Herder
Gott
Einige Gespräche

ISBN/EAN: 9783744721349

Hergestellt in Europa, USA, Kanada, Australien, Japan

Cover: Foto ©Lupo / pixelio.de

Weitere Bücher finden Sie auf **www.hansebooks.com**

Gott.

Ἀν γνῶς τί ἐςι Θεὸς, ἤδιων ἔςῃ.

Einige Gespräche

von

J. G. Herder.

Gotha,
bei Karl Wilhelm Ettinger,
1787.

Vorrede.

Zehn oder zwölf Jahre sinds, seit ich eine kleine Schrift mit mir umhertrug, die den Namen: Spinoza, Shaftesburi, Leibniz führen sollte. Sie war fertig in meinen Gedanken und ich ging mehrmals an die Ausführung derselben; allemal aber ward ich unterbrochen und mußte ihr eine andre Stunde wünschen.

Neue Zeitumstände führten mich unvermerkt zu folgenden Gesprächen. Man würde ihren Zweck sehr verkennen, wenn man sie blos für eine Ehrenrettung des Spinoza hielte; Spinoza hat diese Ehrenrettung nicht nöthig und er sollte, meinem

Zweck

Zweck gemäß, jetzt blos die Handhabe eines Opfergefäßes werden, aus welchem ich einige Tropfen dem Altar meiner Jugend darbringen wollte. Warum ich von ihm ausging, lag Theils in der Reihe meiner Gedanken, Theils in Veranlassungen, die meine Zeit mir selbst darbot.

Niemand indeß nehme meine Schrift so auf, als ob ich irgend einer gangbaren Philosophie vor- oder zwischentreten, sie verdrängen, Partheien herausfodern oder

zwischen Partheien ein unberuffener Schiebs-
richter werden wollte. Es sind Gespräche
einiger Personen, die ihre Meinungen mit
eben dem Recht äußern, mit welchem jeder
andre seine Lehrsätze darstellt. Gespräche
sind keine Entscheidungen, noch minder
wollen sie Zank erregen: denn über Gott
werde ich nie streiten.

Sehnlicher wünschte ich, daß was hier
im Gespräch blos angedeutet werden konnte, eine unserer Philosophie angemessenere
Form

Form erlebte. Nur Einen ruhigen, heitern Sommer wünschte ich mir für meine Adrastea oder von den Gesetzen der Natur, sofern sie auf Weisheit, Macht und Güte als auf einer innern Nothwendigkeit ruhen. Da ich aber bestimmt bin, in meinem Leben selbst der Nothwendigkeit, nicht der Willkühr zu folgen: so wird die ewige Wahrheit, wenn ihr mein Werk angenehm ist, mir auch Muße dazu verleihen. Zufrieden wäre ich, wenn diese kleine ne Vorarbeit einige unbefangene Liebhaber der Philosophie ergötzte, Kennern gefiele und hie und da einem Irrenden den Weg zeigte. Weimar den 23. April 1787.

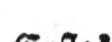

Herder.

Erstes Gespräch.

Philolaus.

Sehen Sie, mein Freund, die erquickende Stunde, die nach dem schrecklichen Ungewitter folget. Schwefelwolken thürmten sich auf, die uns den Anblick der Sonne benahmen und alles Irdische in schweren Othem setzten; sie sind zertrümmert und alles haucht wieder leicht und fröhlich. So stelle ich mir den Zustand der Weisheit vor, da Spinoza und seines gleichen der Welt den Anblick Gottes mit ihren schweren Dünsten rauben wollten: sie thürmten sich auch zum Himmel empor und umzogen das Firmament; aber eine gesundere Philosophie hat sie wie die Riesen hinuntergestürzt und der nachdenkende Geist erblickt die stralende Sonne wieder.

Theophron. Haben Sie den Spinoza gelesen, lieber Freund?

Philolaus. Gelesen habe ich ihn nicht; wer wollte auch jedes dunkle Buch eines Unsinnigen lesen? Aber das habe ich aus dem Munde vieler, die ihn gelesen haben, daß er ein Atheist und Pantheist, ein Lehrer der blinden Nothwendigkeit, ein Feind der Offenbarung, ein Spötter der Religion, mithin ein Verwüster der Staaten und aller bürgerlichen Gesellschaft, kurz ein Feind des menschlichen Geschlechts gewesen und als ein solcher gestorben sei. Er verdient also den Haß und Abscheu aller Menschenfreunde und wahren Philosophen.

Theophron. Die Gewitterwolke indessen verdiente ihn nicht, mit der Sie ihn eben

ver-

verglichen haben: Denn auch sie gehört zur Naturordnung und ist heilbringend und nützlich. Aber, ohne Gleichniß zu reden, haben Sie, mein Freund, auch nichts Näheres und Bestimmtes über Spinoza gelesen, woran wir uns im Gespräch halten könnten?

Philolaus. Vieles, z. B. den Artikel über ihn in Bayle.

Theophron. An Bayle haben Sie dieß mal nicht eben den besten Gewährsmann. Er, dem alle Systeme gleichgültig waren, weil er im Grunde selbst kein System hatte, blieb in Absicht des Spinoza nicht gleichgültig. Er nahm eifrige Parthei gegen denselben, wozu ihn ohne Zweifel Umstände der Zeit und des Orts veranlaßten. Vielleicht lebte er dem Verstorbnen zu nahe: die Lehre, ja selbst der Name des Spinoza war damals ein Schimpfwort, wie sie es großentheils noch jetzt sind: alles Ungereimte und Gottlose nannte und nennet man zum Theil noch Spinozistisch. Nun war es des feinen Dialektikers Bayle Sache wohl nicht, ein System als System zu ergründen, und mit dem tiefsten Gefühl der Wahrheit ganz zu beherzigen. Er durchflog alle Systeme, nahm scharfsinnig ihre Verschiedenheiten auf, sofern sie ihm zu seinen Zweifeln dienten: jetzt war ihm diese Meinung wichtig, jetzt eine andre; von dem aber, was innere philosophische Ueberzeugung heißt, hatte sein leichtes Gehirn schwerlich einen Begriff, wie solches sein Wörterbuch beinahe unwidersprechlich zeiget.

Philolaus. Sehr wahr und ich habe mich oft gewundert, wie ein so scharfsinniger Geist in seinen Meinungen so unstät, so unzusammenhangend seyn konnte. Jetzt ist ihm diese, jetzt jene Ungereimtheit gleich wichtig: eine falsch citirte Jahrzahl des Moreri und die Frage: ob ein Gott sey? wieviel derselben seyn? woher das Böse in der Welt entspringe? u. dgl. beschäftigen ihn mit gleichem Interesse.

Theo=

Theophron. Sagen Sie lieber, mit gleich wenigem Interesse; aber mit desto mehr Gewandtheit des scharfsinnigsten Gedankenspieles. Eben dies macht Bayle's seltenen Vorzug. Nennen Sie mir einen andern Schriftsteller, dessen Seele im leichtesten Spiel so Viel und Vielerlei mit gleicher Anmuth, gleicher Aufmerksamkeit umfaßt oder berührt hätte? Er war der philosophisch-historische Voltaire seiner Zeit, dessen Liebhaberei sich vom erhabensten Gegenstande bis zur kleinsten Kleinigkeit eines historischen Umstandes, einer Anekdote, eines Büchertitels oder gar einer Zote erstreckte. Für einen Geist dieser Art war nun Spinoza's System gar nicht. Dieser eingeschlossene, schwere Denker hatte von allem was Meinung war, einen sehr verächtlichen Begriff und ging mit mathematischer Genauigkeit der reinen, trocknen Wahrheit nach, wo er solche zu finden vermeinte. Alles übrige vergaß er, und von Bayle's Gelehrsamkeit, von seinem Witz und Scharf-

Scharfsinn hatte er vielleicht nicht Eins gegen Tausend. Zwey Köpfe solcher Art werden einander schwerlich Gerechtigkeit wiederfahren lassen und doch bin ich überzeugt, hätte es Spinoza gegen den Verfasser des Wörterbuchs eher gethan, als der muntre, vielgeschäftige Bayle es gegen Spinoza thun mochte. Diesem warf man schon in seinem Leben vor, daß er Spinoza's System nicht recht gefaßt habe und er hat sich gegen diesen Vorwurf in einem eignen Briefe vertheidigt. *a)*

Philolaus. Uebel also für Spinoza: denn für den grössesten Haufen hat eben doch Bayle den Begrif vestgesetzt, den man von ihm heget. Wie wenige lesen Spinoza's dunkle Schriften, und alle Welt lieset den tausendfach nützlichen, abwechselnden, angenehmen Bayle.

Theophron. Gerade so ists, mein Freund. Für das leichte Heer von Lesern hat Bayle

---

a) Oeuvr. de Bayle. T. IV. p. 169. 170.

Bayle den Begrif von Spinoza fixirt; für den schweren Phalanx haben es meistens streitende Philosophen und Theologen gethan und da ist ihm noch übler begegnet. Es ging ihm nach dem Evangelio: seine nächsten Hausgenossen wurden zuerst seine ärgsten Feinde, die Cartesianer. Sie wollten und mußten ihre Philosophie, von der er ausgegangen war und mit deren Worten er sprach, von der seinigen absondern, damit nicht auch sie in den Verdacht des Spinozismus kämen; natürlich hat sich diese philosophische Behutsamkeit von des Cartesius Schule auf jede nachfolgende verbreitet. Sodann gingen die Theologen fast aller Confessionen noch bitterer gegen ihn los; denn er hatte nicht nur über das Judenthum und die Bücher des alten Testaments sehr freie Meinungen geäußert, sondern welches ihnen viel ärger dünken mußte, er hatte zuerst vorzüglich gegen sie die Feder ergriffen. Ihrer Streitsucht, ihren Zänkereien schrieb er einen großen Theil vom

Verfall des Christenthums, von der Unwirksamkeit der schönsten Lehrsätze desselben zu und ob er dies gleich ohne alle Bitterkeit that: so können Sie sich doch leicht die Aufnahme seines Buchs vorstellen.

Philolaus. Die ist mir ganz vor Augen. Hitzigen Partheien darf nur ein Friedensstifter ohne Vollmacht zwischentreten und er hat beide gegen sich.

Theophron. Spinoza hatte keine andre Vollmacht, als die er glaubte aus der Hand der Billigkeit und Wahrheit empfangen zu haben; freilich aber bediente er sich derselben nicht eben auf Weltkluge Weise. Er machte seine religiöse Politik in einem Werk bekannt, dessen Theologie Juden und Christen aufbringen mußte; ja seine politischen Grundsätze waren so hart und schnurgerade, daß sie der damaligen Zeit gewiß nicht eingehen konnten. Dem Staat räumte er das völlige Recht über die Anord-
nung

mung des äußern Gottesdienstes ein: der Vernunft behielt er die uneingeschränkte Freiheit des Gebrauchs ihrer Kräfte vor; beides dünkte den Meisten so übertrieben, als ob er Feuer und Wasser mischen wollte. Seine Theorie als so mußte nothwendig scheitern: denn in Manchem ist sie uns auch noch jetzt zu hart und gleichsam zu Hobbesisch, ob wir gleich in der Toleranz und Staatskunst weit fortgerückt sind. Locke, Bayle, Shaftesburi u. a. gingen leiser.

Philolaus. Und doch haben auch sie gnug ausstehen müssen, eh' ihre billigsten Sätze allgemein anerkannt wurden. In so gefährlichen Materien hat freilich ein disputirender Dialektiker, wie Bayle oder ein einkleidender Dichter, wie Voltaire viel Vortheil vor dem ernsten Philosophen, der seine Sätze strack hinstellt. Jene bleiben immer sicherer, weil sie sagen können: „ich habe nur disputirt, nur eingekleidet„; und doch wirken sie in diesem angenehmen, immer veränderten Gewande nur desto allgemeiner. Bayle machte gewiß auf sein Zeitalter mehr Wirkung, als Spinoza und Leibnitz; Voltaire mehr als Rousseau und hundert noch strengere Philosophen.

Theophron. Wie mans nimmt, Philolaus; es giebt eine äußere und innere Wirkung. Jene breitet sich weit umher; diese wurzelt um so vester. Ich wollte, daß ein philosophisch-kritischer Mann, kein Jüngling, zu unsrer Zeit den theologisch-politischen Versuch des Spinoza mit Anmerkungen herausgäbe. Es wäre ein nützlicher Versuch, zu sehen, was die Zeit in ihm bekräftigt oder widerlegt habe. In der Kritik über die Schriften des alten Testaments haben seitdem manche manches als eine neue Entdeckung, dazu weit unvollkommener gesagt, das in Spinoza bereits gründlicher stand. Im Punkt der Toleranz hat die Natur unsrer Staaten beinah keinen andern Weg nehmen mögen, als den ihr Spinoza damals zu

allge-

allgemeinem Haß vorzeichnete. Freilich ist in diesem Werk, wie in allen seinen andern Schriften alles hart gesagt und vieles übertrieben. Für die Poesie der Propheten z. B. hatte er nur einen metaphysischen Sinn und in der ganzen Composition seines Werks ist er ein einsamer Denker, dem die Grazie des Weltumganges und des einschmeichelnden Vortrages ganz unbekannt ist.

Philolaus. Mich wunderts, Theophron, daß Sie es nur darauf setzen: denn ein Mensch ohne gesunde Grundsätze, ein Atheist, ein Pantheist u. s. über welche Materie könnte der schreiben, daß es bei Vernünftigen Eingang fände? Er soll sogar den Pantheismus und Atheismus haben demonstriren wollen; was geht über den Unsinn?

Theophron. Also den Atheismus und Pantheismus? Aber wie sind beide in Einem und demselben System möglich? Der Pantheist

theist hat doch immer einen Gott, ob er sich gleich in der Natur Gottes irret; der Atheist hingegen, der Gott schlechterdings läugnet, kann weder ein Pantheist, noch ein Polytheist seyn, wenn man nicht mit den Namen spielet. Ueberdem, m. Fr., wie kann man den Atheismus d. i. eine Negation erweisen?

Philolaus. Warum nicht? wenn man einen innern Widerspruch in der Natur Gottes entdeckte oder zu entdecken glaubte.

Theophron. Einen innern Widerspruch in einem einfachen, im höchsten Begriff, dessen die Menschheit fähig ist? ich bekenne, daß ich davon nichts begreife.

Philolaus. Deßhalb war er auch ein Unsinniger, der demonstriren wollte, was nicht zu demonstriren war: denn unsre neue Philosophie sagt laut: „weder daß ein Gott sei, noch daß er nicht sei, ist zu demonstriren. Das erste muß man glauben."

Theo=

Theophron. So sollte ich wenigstens denken, daß man etwa Eins von beiden glauben müsse; daß es uns also freistehe, Atheisten, Deisten oder Theisten zu seyn, nachdem wir Glauben haben. Doch lassen Sie uns diesen Punkt noch nicht berühren. Spinoza sei Atheist, Pantheist oder ein Ungeheuer von beiden gewesen: so schmerzen mich die Beinamen, die Sie einem Unbekannten geben. In der Philosophie sind wir aus den Zeiten der Ehrentitel hinaus, mit denen Spinoza noch von Kortholb, Brucker und andern genannt ward. Der Erste glaubte witzig zu seyn, wenn er den Benedictus in einen Maledictus und das Wort Spinoza in einen stachlichten Dornbusch verkehrte. Bei andern ist der Name „frech, gottlos, unsinnig, unverschämt, gotteslästerlich, pestilentialisch, abscheulich„ das gewöhnliche Beiwort, mit dem sie ihn aus dem Reich der Geister citiren. Ein Erwählter hat sogar das Zeichen der ewigen Verwerfung auf seinem Ge-

sicht

sicht gefunden und andre haben ihn auf seinem Todesbette um Erbarmung winseln hören. Ich bin kein Spinozist, und werde nie einer werden; die Art aber, mit der man über diesen verlebten stillen Weisen die Urtheile des vorigen Jahrhunderts, des jämmerlichsten Streitjahrhunderts noch zu unsrer Zeit wiederholen will, ich gestehe es, mein Freund Philolaus, ist mir unerträglich. Hier haben Sie ein Büchelchen von acht Bogen, *a)* in denen noch dazu das Meiste ein Gemisch von Anmerkungen ist, die Sie ganz überschlagen dürfen; es ist nichts als das Leben Spinoza's, sehr trocken, aber mit historischer Genauigkeit erzählt: denn man sieht, daß der Verfasser um jeden Umstand besorgt gewesen. Es ist ein unpartheiischer Mann, der's geschrieben hat und kein Spinozist, sondern ein Evangelischer Pastor, der „vor Gott bezeugt, daß er in Spinoza's theo-
logisch-

a) Leben des Spinoza von Joh. Colerus. Frkf. 1733.

logisch-politischem Tractat nichts Gründliches gefunden, noch etwas, das in dem Glaubens: bekänntniß, womit er den Evangelischen Wahr: heiten zugethan ist, ihn im geringsten auf der Welt zu beunruhigen, fähig gewesen, weil an statt der gründlichen Beweise man nichts, als vorausbedungene Sätze, und was man in den Schulen petitiones principii nennt, darinnen finde." Einem so vorsichtigen Führer können Sie sich also sicher anvertrauen, wenn Sie den Mann näher kennen wollen. Meine Geschäfte ruffen mich jetzt weg und bald sehen wir uns wieder. Wenn Sie hineinblicken wollen: so lege ich Ihnen auch des Atheisten Werk selbst hin; leider sind es nur zwei kleine Bände.

Philolaus. Ich begreife den Theophron nicht. Für einen Demonstrator solcher Art sich zu verwenden! und was soll mir hierüber sein Leben von einem Evangelischen Pastor, also ge: schrieben, und also gedruckt sagen?

Ein

* * *

Ein ſonderbarer Mann, dieſer Spinoza. Woher er ſeine Gedanken auch habe und welches dieſelbe ſeyn mögen; es iſt etwas Beſtändiges in ſeinem ganzen Leben. Er legt ſich auf die Jüdiſche Theologie und verläßt ſie, um die Naturlehre gründlich zu erlernen: die Werke des Des-Cartes kommen ihm in die Hände und da er ſie mit ſonderbarer Begierde geleſen hat und nachher bekennet, daß was er an philoſophiſcher Erkenntniß beſitze, er aus ihnen geſchöpft habe: ſo wendet er ſich ſtill vom Judenthum weg, weil er ſich überzeugt glaubt, daß er den Lehrſätzen deſſelben nicht weiter folgen könne. Man bietet ihm ein Jahrgeld von tauſend Gulden an, damit er nur fernerhin die Synagoge beſuchen wolle; er ſchlägt es aus und ziehet ſich ohne Geräuſch in die Stille. Man thut ihn in den Bann: er antwortet dagegen und lernt in der Stille eine Handthierung, ſich ſelbſt zu nähren. Welch ein andres Betragen,

als

als in ähnlichen Umständen des unglücklichen Acosta, a) der nicht zur Ruhe kommen konnte, bis er sich selbst erschoß! Ich wollte, daß man seine Antwort auf den Bann aus den Händen der Portugiesischen Synagoge in Amsterdam erhalten könnte; sie würde uns die Ursachen seines Entschlusses, wie mich dünkt, sanftmüthig und stille sagen: denn es herrscht ein sanftmüthiger, stiller Geist in dieses Mannes Leben. Jetzt verfertigt er optische Gläser und lernt von selbst zeichnen. Der Verfasser hat eine Sammlung seiner Zeichnungen in Händen gehabt, darunter auch viele Personen gewesen, die bey ihm nur einen Besuch abstatteten, die er also wahrscheinlich aus dem Gedächtniß gezeichnet. Unter diesen Zeichnungen ist auch Masaniello gewesen in seiner bekannten Fischerkleidung und

der

a) S. Uriel. Acostae exemplar humanae vitae hinter Limborchs amica collatione cum Judaeo. Basil. 1740.

B

der Wirth des Spinoza verſichert, daß dies
Bild ihm ſelbſt ſehr ähnlich geſehen habe. Ein
ſonderbarer Einfall, ſich als Maſaniello zu
zeichnen: ich wünſchte, daß das Bild bekannt
würde. — Nun ſchleift er Gläſer, ſeine Freunde verkaufen ſie und er lebt ſparſam; in zwey
bis drey Tagen ſiehet er oft niemand. Viele
bieten ihm ihren Beutel und ihre Hülfe an;
alles aber ſchlägt er beſcheiden aus, lebet von
geringen Speiſen und ſchließt ſeine Rechnungen
alle Viertheiljahre, nur damit er nicht mehr
aufwende als er aufzuwenden habe. Er iſt, wie
er ſeinen Hausleuten ſagt, eine Schlange, die
mit dem Schwanz im Munde einen Cirkel
macht, anzuzeigen, daß ihm von ſeinen Jahrs-
Einkünften nichts übrig bleibe. Ich habe das
Symbol unter ſeinem Bilde geſehen und es
thöricht auf ſeinen Pantheismus gedeutet. —
Welch ein wahrerer Philoſoph in dieſem allen
als ſelbſt Rouſſeau! Er will nicht mehr ſamm-
len, als was nöthig ſei, um mit Wohlſtand

be-

begraben zu werden; er will aber auch niemanden zur Last fallen und nur durch sich selbst leben. Sein Betragen ist still und friedlich: er ist Herr über seine Leidenschaften und man siehet ihn nie weder sehr traurig noch sehr frölich. Gesprächig tröstet er die Leidenden seines Hauses und ermahnet sie, ihre Unglücksfälle als ein von Gott ihnen zugeschicktes Loos geduldig zu ertragen: er redet den Kindern zu, daß sie den Gottesdienst fleißig besuchen möchten und unterrichtet sie, wie sie gehorsam ihren Eltern seyn sollten, fragt seine Hausgenossen, welchen Nutzen sie aus der angehörten Predigt geschöpft und hält hoch von dem erbaulichen, guten Geistlichen, der hier genannt wird. *a)* „Eure Religion ist gut, spricht der stille Weise, ihr habt nicht nöthig, eine andere zu suchen, noch daran zu zweifeln, daß ihr dabei die Seligkeit erlangen werdet; sofern ihr nur der Gottseligkeit

B 2 euch

---

a) Ein Vorgänger eben des Colerus, der sein Leben geschrieben.

euch ergebet und zugleich ein friedliches und ruhiges Leben führet.„ Sein aufrichtigster Freund bietet ihm ein Geschenk von zweitausend Gulden an, um mit einiger mehreren Bequemlichkeit zu leben; er verbittet es freundlich. Jener will ihn zu seinem Erben einsetzen; er nimmt die Wohlthat nicht an und setzt das Jahrgeld, das dieser ihm in seinen letzten Lebensjahren freundschaftlich aufdringt, fast noch um die Hälfte herunter. So lebt er und stirbt in seinem fünf und vierzigsten Jahr eben so sanft und ruhig als er gelebt hatte. Wenige Stunden vorher hatte er mit seinen Hausleuten noch ein langes Gespräch über die gehörte Predigt und ehe sie nachmittags die Kirche verlassen, erblaßt er in Gegenwart seines Arztes. Sein ganzer Nachlaß beträgt nach dem Verkauf 390 Gulden und 14 Stüber, um welche Summe sich noch seine Anverwandten zankten. Es ist ein sanfter Schimmer der Menschenfreundschaft, der durch sein Leben strahlet: denn man siehet, wie

seine

seine Freunde ihn lieben, wie alle, die ihn kennen, ihn schätzen und wie er sich dessen nie überhebt, keinen aber störrig abweiset. Als ihm der Kurfürst von der Pfalz eine Lehrstelle auf seiner Universität antragen ließ, mit der Freiheit nach seinen Grundsätzen fortzuschließen, wie er es seinem Vorhaben am dienlichsten finden würde, antwortete er vorsichtig und bescheiden: „er wisse nicht, in welche Schranken, die Freiheit seine Meinungen zu erklären, eingeschlossen seyn solle, damit es nicht schiene, daß er die Landesreligion stören wolle,„ und nahm den Ruf nicht an.

Von seinen Schriften und Meinungen weiß ich noch nicht, was ich zu halten habe; selbst aber die hier angeführten, irrigen und wahrscheinlich ärgsten Stellen tragen bey aller Paradoxie das Siegel der Ueberzeugung Dessen an sich, der diese Meinungen hatte. Er will sie keinem aufdringen, er will keine Sekte stiften und das nicht aus Menschenfurcht, sondern aus

Scheu, die Meinungen andrer Menschen auch nach seinem Tode zu stören. Während seines Lebens hat er nichts herausgegeben, als einen kleinen Tractat, mit welchem er Ruhe zu stiften gedachte; als diese Bemühung fehlschlug, wohnt er mit seiner Philosophie allein und verbrennt wenige Tage vor seinem Tode noch eine angefangene Uebersetzung des alten Testaments: damit sie auch nach seinem Tode keinen Unfrieden stiften möchte. Ich wollte; daß er sie nicht verbrannt hätte: denn hatte sie keinen Werth in sich, so hätte sie die Zeit doch vertilget.

* * *

Ich will seine Schriften selbst ansehn. Sie sind nach seinem Tode erschienen und er hatte sie, wie der Augenschein zeigt, für sich selbst geschrieben: denn es sind meistens Fragmente.

„Von

„Von der Besserung des Verstandes
„und von dem Wege, auf welchem
„man am besten zur wahren Kännt-
„niß der Dinge gelanget. a)

„Belehrt von der Erfahrung, daß alles
was uns im gemeinen Leben so häufig begegnet, ein leerer Tand sei, weil ich sah, daß
alles, wovor ich mich fürchtete, in sich selbst
weder Böses noch Gutes habe, als sofern
das Gemüth dadurch bewegt ward, entschloß
ich mich endlich zu forschen, ob es etwas gebe, das wahrhaft-gut sei und sich
mittheile, so daß mit Verwerfung alles andern, die Seele von ihm allein Einwirkung
erhalte? ja ob es etwas gebe, das, wenn
ichs fände und hätte, mir einen unverrückten,
höchsten und ewigen Freude-Genuß gewähren könnte? Ich sage „daß ich mich endlich

―――――――

a) Tractatus de intellectus emendatione in opp. posth. Spinozae p. 356.

lich entschlossen „: denn dem ersten Anblick nach schien es unrathsam zu seyn, um eine mir damals ungewisse Sache eine gewisse verlieren zu wollen; ich sah nämlich die Vortheile, die aus Ehre und Reichthum entspringen und die ich nicht weiter suchen müßte, sobald ich mich ernstlich nach meinem neuen Zweck wenden wollte. Läge also das höchste Glück in ihnen: so sahe ich wohl, daß ich desselben entbehren müßte; fände es sich aber in ihnen nicht und ich jagte ihnen doch nach: so müßte ich seiner auch entbehren. Ich überlegte also bei mir selbst, ob es nicht möglich sey, zu meinem neuen Zweck oder wenigstens zur Gewißheit zu kommen, daß es einen solchen gebe, wenn ich auch meine gewöhnliche Lebensweise nicht veränderte; welches ich oft vergebens versucht habe. Denn was uns gemeiniglich im Leben begegnet und von den Menschen (nach ihren Handlungen zu urtheilen) für das höchste Gut angesehen wird,

läßt

läßt sich auf drei Stücke bringen: auf Reichthümer, Ehre und Lust. Durch alle drei aber wird das Gemüth so zerstreuet, daß es an kein anderes Gut irgend gedenken kann. Denn was die Wohllust betrifft, so täuscht sie das Gemüth eine Zeitlang, als ob es in einem Gut ruhe, und hindert es damit an kein anderes zu denken; bald aber folget auf ihren Genuß die tiefste Traurigkeit, die den Geist, wenn nicht fesselt, so doch störet und stumpf macht. Auch wenn wir Ehre und Reichthum verfolgen, zerstreuet sich die Seele, insonderheit wenn wir sie um ihr selbst willen begehren, weil sie uns alsdann ein höchstes Gut dünken. Die Ehre aber zerstreuet das Gemüth noch mehr als der Reichthum, weil sie fortwährend als ein wahres Gut und als der letzte Zweck geschätzt wird, nach welchem man alles einrichten müsse. Ferner findet bey Ehre und Reichthümern auch nicht, wie bey der Wohllust, die Reue statt: sondern je mehr man von beyden besitzt, desto mehr freuet man sich und wird mehr und mehr angeregt, beide zu vermehren. Schlägt aber bey irgend einem Zufalle die Hoffnung fehl: so bringen beide die größeste Traurigkeit. Endlich ist auch die Ehre deßwegen ein großes Hinderniß, weil um sie zu erlangen, man sein Leben nothwendig nach der Denkart andrer Menschen einrichten muß, daß man nämlich fliehe was sie fliehen und suche was sie suchen.

„Da ich also sahe, daß dies alles mir Hinderniß sei, mich auf mein neues Werk zu legen, ja mit demselben in solchem Widerspruch stehe, daß ich von Einem oder dem Andern nothwendig ablassen müsse: so ward ich gezwungen zu forschen, welches von beiden mir nützlicher wäre? Denn ich kam, wie gesagt, in den Fall, ein gewisses Gut für ein ungewisses aufgeben zu wollen. Als ich aber diese Ueberlegung etwas fortgesetzt hatte,

hatte, so fand ich, zuerst, daß wenn ich meine alte Lebensweise gegen die neue vertauschte, ich immer doch nur ein seiner Natur nach ungewisses Gut gegen ein andres Ungewisse aufgebe, das seiner Natur nach nicht ungewiß seyn könnte, weil ich ein festes Gut suchte; sondern das nur sofern zweifelhaft bliebe, ob ichs erreichte? Durch fortgesetztes Nachdenken kam ich aber gar so weit, einzusehn, daß wenn ich meine Ueberlegung nur zum Entschluß brächte, ich gewisse Uebel gegen ein gewisses Gut vertauschte. Ich sah nämlich, daß ich in der größesten Gefahr schwebte und in der Noth wäre, ein auch ungewisses Rettungsmittel mit allen Kräften zu suchen: wie der Kranke, der, wenn er kein Mittel braucht, den gewissen Tod vor sich siehet, auch ein ungewisses Mittel mit allen Kräften suchen muß, da seine ganze Hoffnung darauf beruhet. Alle die Dinge aber, denen der große Haufe nachstrebt, ge-

wäh-

währen nicht nur kein Mittel zu unsrer Erhaltung, sondern sie verhindern dasselbe auch und sind oft die Ursache des Untergangs derer, die sie besitzen, immer aber die Ursache des Untergangs derer, die von ihnen besessen werden.

„Es giebt viele Beispiele von Menschen, die ihres Reichthums wegen sich bis auf den Tod verfolgen ließen, auch Beispiele von Menschen, die um Güter zu erlangen, sich so vielen Gefahren aussetzten, daß sie endlich ihre Thorheit mit dem Leben büßten. Nicht wenigere giebt es, die um Ehre zu erlangen oder zu erhalten, aufs elendeste litten. Unzählige Beispiele endlich sind von solchen vorhanden, die durch übermäßige Wohllust ihren Tod beschleunigt haben. Alle diese Uebel scheinen mir daher zu kommen, daß das ganze Glück oder Unglück in der Beschaffenheit des Gegenstandes liegt, dem wir mit Liebe zugethan sind. Denn um etwas
was

was man nicht liebt, entstehet kein Streit: man grämet sich nicht darüber, wenn es verschwindet: man fühlt keinen Neid, wenn es ein anderer besitzt, keine Furcht, keinen Haß, kurz keine Gemüthsbewegung; welches alles zutrifft, wenn man so vergängliche Dinge liebt, wie alle die sind, von denen wir bisher geredet haben. Liebe aber zu einem ewigen und unendlichen Gegenstande kann nur Freude der Seele gewähren, eine Freude, die von keiner Traurigkeit weiß; wahrlich ein sehr wünschenswürdiger Zweck, nach welchem man mit allen Kräften streben müßte! Ohn' Ursach aber bediente ich mich nicht des Ausdrucks: „wenn ich mich nur ernstlich entschließen könnte:„ denn ob ich gleich dies alles in meiner Seele so klar einsah, so konnte ich deßwegen doch allen Geiz, alle Lust- und Ehrsucht nicht ablegen.

„Das Eine sah ich, daß solange mein Gemüth mit diesen Gedanken beschäftigt war,

so

so lange verabscheuete es jene Neigungen und dachte ernstlich an eine andre Lebensweise; welches mir denn zum großen Trost gereichte. Denn ich sah, mein Uebel sei wenigstens doch noch nicht so groß, daß kein Mittel dagegen wäre. Und obgleich Anfangs diese hellen Zwischenräume selten waren und nur kurze Zeit daureten: so kamen sie doch, nachdem ich das wahre Gute mehr und mehr erkennen lernte, nicht nur öfter, sondern dauerten auch länger; zumal da ich einsah, daß der Erwerb des Geldes oder die Lust- und Ehrbegierde nur so lang' Hindernisse blieben, so lange man sie nicht als Mittel, sondern als Zwecke suchte. Sucht man sie als Mittel, so haben sie Maas, und hindern nicht, sondern fördern vielmehr zu dem Zweck zu gelangen, deßhalb man sie suchet.

„Hier will ich nur kurz sagen, was ich durchs *wahre Gute* verstehe und zugleich, was das *höchste Gut* sei? Dies recht zu
faſ-

faſſen merke man, daß **Gut** und **Böſe** nur Beziehungsweiſe geſagt werden, ſo daß Eine und dieſelbe Sache gut und übel heißen kann in verſchiedener Rückſicht: ſo auch **vollkommen** und **unvollkommen**. Denn ſeiner Natur nach kann nichts vollkommen oder unvollkommen genannt werden, vornämlich weil wir wiſſen, daß alles was geſchieht, nach einer ewigen Ordnung und nach gewiſſen Naturgeſetzen geſchehe. Da aber der ſchwache Menſch dieſe Ordnung mit ſeinen Gedanken nicht erreicht und ſich dabei doch eine menſchliche Natur denkt, die viel veſter als die Seinige ſei, ja kein Hinderniß ſtehet, warum er eine ſolche Natur nicht erlangen könnte: ſo wird er angereizt, Mittel zu ſuchen, die ihn zu dieſer Vollkommenheit führen. Alles, was ein Mittel ſeyn kann, dahin zu gelangen, heißt ihm ein *wahres Gut*; das *höchſte Gut* aber iſt, dahin zu gelangen, daß er mit andern Individuen,

wo

wo möglich, einer solchen Natur genieße. Was dies für eine Natur sei, werden wir an seinem Ort sehen: sie sei nämlich Erkenntniß der Vereinigung, die das Gemüth mit der ganzen Natur hat. Dies ist also der Zweck, nach welchem ich strebe, eine solche Natur zu erlangen und daß viele sie mit mir erlangen mögen; d. i. zu meiner Glückseligkeit gehöret es auch, Fleiß anzuwenden, daß viele andre das einsehen, was ich einsehe, daß ihr Verstand und ihre Begierde völlig mit der meinigen übereinstimme. Und damit dies werde, so ist nöthig, daß sie von der Natur so viel verstehen, als nöthig ist, eine solche Natur zu erlangen; ferner, eine Gesellschaft zu stiften, in welcher eine große Anzahl auf die leichteste Art mit Sicherheit dahin gelangen möge. Weiter muß man auf die Moral-Philosophie und auf die Lehre von der Erziehung der Kinder Fleiß anwenden und weil die Gesundheit kein

Fleis

kleines Mittel ist, diesen Zweck zu erreichen, muß die ganze Medicin in Ordnung gebracht werden. Weil auch durch die Kunst viel Schweres leicht gemacht, viele Zeit erspart und viele Bequemlichkeit fürs Leben erworben wird: so ist auch die Mechanik auf keine Weise zu verachten. Vor allen Dingen aber ist eine Art auszusinnen, wie der Verstand geheilt und (wiefern es von Anfange an seyn kann,) gereinigt werde, damit er die Sache ohne Irrthum und aufs beste einsehen lerne. Jedermann siehet hieraus, daß ich alle Dinge auf Einen Zweck, auf Ein Ziel richten wolle, nämlich daß man zur ebengenannten höchsten Vollkommenheit des Menschen gelange; was also in den Wissenschaften nichts zu unserm Zweck beiträgt, muß als unnütz verworfen, kurz alle unsre Gedanken und Handlungen zu diesem Zweck gerichtet werden. Weil aber, wenn wir den Verstand auf den rechten Weg zu lenken suchen, wir

auch

auch leben müssen: so müssen wir auch einige Lebensregeln als gut annehmen. Diese nämlich:

1. Nach der Denkart des gemeinen Mannes zu reden und alles zu bewirken, was uns kein Hinderniß in den Weg legt, unser Ziel zu erreichen. Denn von ihm können wir großen Vortheil erwarten, wenn wir, so weit es seyn kann, uns seiner Denkart bequemen. Er wird auch auf diese Weise der Wahrheit selbst ein geneigtes Ohr schenken.

2. Des Vergnügens nur sofern zu genießen, als es zur Gesundheit gehöret.

3. Geld und jedes andre nur soweit zu suchen, als es zum Leben, zur Gesundheit und zur Sitte des Landes gehöret, in wiefern diese unserm Zweck nicht widerstrebet."

* * *

Träume ich oder habe ich gelesen? Ich glaubte einen frechen Atheisten zu finden und
ich

ich finde beinah einen metaphyſiſch-moraliſchen Schwärmer. Welch ein Ideal der menſchlichen Natur, der Wiſſenſchaft, der Naturkenntniß iſt in ſeiner Seele! und er geht zu ihm mit ſo überdachtem, mühſam-ſchweren Schritt und Styl, als manche zur Umänderung ihres Lebens nicht ins Kloſter wandern. Offenbar iſt der Aufſatz aus den jüngern Jahren des Mannes, da er vom Judenthum Abſchied nahm und ſeine philoſophiſche Lebensart wählte: er hat dieſe fortgeſetzt bis ans Ende ſeines Lebens; was mag er in ihr erreicht haben? — Aber ſiehe da kommt Theophron.

Theophron. Noch ſo fleißig? Philolaus, Sie haben die Witterung nicht ganz wahr gelobet; die abgeregneten Spinoziſtiſchen Gewitterwolken haben uns eine Kälte verurſacht, die man nach Ihrem Gleichniß nicht vermuthen ſollte.

Philolaus. Laſſen Sie mein Gleichniß und geben mir dieſen Band mit; ich ſehe, ich habe

habe mich an Spinoza geirret. Was, meynen Sie, soll ich zuerst lesen?

Theophron. Zuerst und fast einzig seine Ethik. Das übrige ist Fragment und der theologisch=politische Traktat war nur eine frühere Zeitschrift. Nehmen Sie aber ja einige Regeln mit auf die Reise.

1. Ehe Sie den Spinoza lesen, müssen Sie nothwendig den Descartes, wenn auch nur als Wörterbuch lesen. Sie sehen in diesem den Ursprung der Worte und Gedanken, also auch der sonderbaren, harten Ausdrücke des Spinoza. Nehmen Sie hiezu Des=Cartes Hauptschriften oder irgend einen seiner Schüler, *a*) unter welchen Ihnen insonderheit Clauberg die Sätze des Cartesianismus sehr klar und ordentlich vorträgt; Sie werden solche hier in Einem Bande bei=

---

a) Des-Cartes opp. Philosoph. Amstelod. 1685. Regii Philos. natural. Amst. 1654. Raaei clav. philos. nat. Lugd. 1654. Claubergs Phys. Metaphys. etc.

beisammen finden. Sodann gehen Sie an des Des Cartes principia philosophiae von Spinoza selbst, die er für einen seiner Lehrlinge aufgesetzt hat; a) Sie treffen in ihnen den Uebergang zu seinem eignen System an. Einen Baum muß man von seinem Ursprunge an, nicht nur in seinen Theilen, sondern auch in den Veranlassungen seines Entstehens und Wachsthums kennen lernen; gesetzt, daß es auch ein Giftbaum wäre. Denn läsen Sie diesen Philosophen des vorigen Jahrhunderts nach der Sprache unsrer Philosophie: so müßte er Ihnen freilich ein Ungeheuer dünken.

2. Geben Sie sorgfältig auf seine geometrische Methode Acht und lassen sich von ihr nicht nur nicht berücken, sondern bemerken auch, wo diese ihn berückte. Er hatte sie von Des Cartes; nur Er wagte den kühneren Versuch, sie auch der Form nach auf alle, selbst die verflochtensten moralischen Materien anzuwenden und eben

a) Amstel. 1663.

eben dieſer Verſuch hätte ſeine geometriſchen Nachfolger in der Metaphyſik warnen mögen.

3. Bleiben Sie nie bei ihm ſtehen; ſondern ruffen bei jedem ſeiner paradoxen Sätze die neuere Philoſophie zu Hülfe: ſo daß Sie ſich fragen, wie dieſe ſolche oder eine ähnliche Behauptung weggeräumt oder leichter, beſſer, unanſtößiger, glücklicher ausgedruckt habe. Sogleich wird Ihnen dann ins Auge fallen, warum Ihr Autor ſolche noch nicht ſo glücklich habe ausdrucken können; mithin werden Sie den Urſprung ſeines Irrthums und den Fortgang der Wahrheit ſelbſt gewahr werden. Nehmen Sie in dieſer Abſicht ſeine wenigen Briefe zu ſeiner Moral hinzu: a) ſie ſind in manchen Stücken ſehr aufklärend und an dem Rande meines Exemplars werden Sie von einer alten Hand geſchriebene Nachweiſungen auf die Ethik und in der Ethik auf ſie finden. Dienten dieſe Briefe zu keinem andern Zweck: ſo zeigten ſie, wie

ganz

―――――
a) Opp. poſth. p. 395. ſeq.

ganz es dem Spinoza mit seiner Philosophie ein Ernst gewesen, wie sehr er sich von ihr überzeugt hatte und wie glücklich er sich in derselben fühlte. Wenn Sie dies Geschäft geendet haben und Ihnen daran liegt, wollen wir über Ihre Zweifel oder über seine Irrthümer ein Weiteres reden. Ich hoffe, die Mühe soll Sie nicht gereuen: denn ein Demonstrator des Atheismus, für welchen Sie und andre diesen Autor halten, ist doch wohl der Mühe einer Zergliederung werth.

Philolaus. Ich will Ihrem Rath folgen, ob er gleich viel fodert.

Theophron. Eben fällt mir noch eine Ode in die Hand, die ich Ihnen mittheilen wollte. Sie ist auf Gott und auch von einem Atheisten.

Philolaus. Von Spinoza?

Theophron. Nein: denn der war kein Dich-

Dichter; aber von einem Atheisten, der des Atheismus wegen sogar verbrannt ward.

Philolaus. Und eine Ode auf Gott mach: te? Ich will sie lesen.

D e o.

Dei supremo percita flamine
mentem voluntas exstimulat meam;
hinc per negatum tentat alta
    Daedaliis iter ire ceris;

Audetque coeli non memorabile
metari Numen principio carens
et fine, definire Musae
    exiguo breviore gyro.

Origo rerum et terminus omnium,
origo, fons et principium sui
suique finis terminusque
    principio fine terminoque.

Vbique Totus, tempore in omnibus
omni quiescens ipse Deus locis,

par-

partes in omnes diftributus
  integer vsque, manens vbique.

Nec comprehenfum vllis regionibus
vllisue claufum limitibus loca
tenent, fed omnis liber omne
  diditus *) in fpatium vagatur.

Illius alta eft velle potentia,
opus voluntas invariabilis;
et magnus absque quantitate
  atque bonus fine qualitate.

Quod dicit, vno tempore perficit;
mirere, fiat vox vel opus prius?
cum dixit, en cum voce cuncta
  vniverfa fimul creata.

Cuncta intuetur, perfpicit omnia
atque in vna folus, (folus eft omnia,)
quae funt, fuerunt et futura
  praevidet ipfe perennitate.

*) Divifus a didere pro dividere.

Atque ipfe plenus cuncta replet fui
et femper idem fuftinet omnia
et fert mouetque amplectiturque
    atque fupercilio gubernat.

Te Te oro, tandem refpice me bonus,
Tibique nodo iunge adamantino:
id namque folum vnumque et omne
    reddere quod potis eft beatos.

Quicunque iunxit Te fibi et altius
Vni adhaerefcit, continet omnia
Teque omnibus circumfluentem
    divitiis nihilique egentem.

Tu, cum neceffe eft, nullibi deficis
vltroque praebes omnibus omnia
ipfumque Te qui fis futurus;
    omnibus omnia fubminiftras.

Laboriofis Tu vigor inclitus,
Tu portus alto nauifragantibus,
Tu fons perennis perftrepentes
    qui latices falientis ardent.

Tu

Tu fumma noftris pectoribus quies,
tranquillitasque et pax placidiffima,
Tu menfus *) es rerum modusque,
    Tu fpecies et amata forma.

Tu meta, pondus, Tu numerus, decor
Tuque ordo, Tu pax atque honor atque
                amor
cunctis, falusque et vita et aucta
    nectare et ambrofia voluptas.

Tu verus altae fons fapientiae,
Tu vera lux, Tu lex venerabilis,
Tu certa fpes, Tuque aeviterne
    et ratio et via veritasque;

Decus iubarque et lumen amabile
et lumen almum atque inviolabile;
Tu fumma fummarum, quid vltra?
    Maximus, optimus, vnus, idem.

*) Menfor f. menfura.

Zweites Gespräch.

Philolaus.

Ich komme mit meinem Spinoza; aber beinah ungewisser, als ich vorher war. Daß er kein Atheist sei, erscheint auf allen Blättern; die Idee von Gott ist ihm die erste und letzte, ja ich möchte sagen, die einzige aller Ideen, indem er an sie Welt- und Naturkenntniß, das Bewußtseyn sein selbst und aller Dinge um ihn her, seine Ethik und Politik knüpfet. Ohne den Begriff Gottes vermag seine Seele nichts, auch nicht sich selbst zu denken und es ist ihm beinah unbegreiflich, wie Menschen Gott gleichsam nur zu einer Folge andrer Wahrheiten und sogar sinnlicher Bemerkungen machen können, da alle Wahrheit wie alles Daseyn nur aus der ewigen Wahrheit, aus dem unendlichen, ewigen Daseyn Gottes folget. a) Dieser Begriff ist ihm
so

a) v. Ethic. p. 49. schol. et epist. 21. 39. 40. 49. etc.

so gegenwärtig, so unmittelbar und innig geworden, daß ich ihn gewiß eher für einen Schwärmer fürs Daseyn Gottes, als für einen Zweifler oder Läugner desselben hielte. In die Erkenntniß und Liebe Gottes setzt er alle Vollkommenheit, Tugend und Glückseligkeit der Menschen; und daß dieses nicht etwa eine angenommene Maske, sondern sein tiefstes Gefühl sei, zeigen seine Briefe, ja ich möchte sagen, jeder Theil seines philosophischen Gebäudes, jede Zeile seiner Schriften. Möge er sich in der Idee von Gott auf tausendfache Art geirret haben; wie aber Leser seiner Werke je sagen konnten, daß er die Idee von Gott verläugnet und den Atheismus demonstrirt habe, ist mir unbegreiflich.

Theophron. Ich freue mich, m. Fr. daß Sie dasselbe gefunden haben, was ich fand: denn auch ich trauete mir beinah selbst nicht, da ich diesen Autor las und mit meiner Empfindung zusammenhielt, was andere über ihn sagten.

ten. Und zwar war mir dies um so merkbarer, da ich ihn nicht als Neuling der Philosophie oder in einiger Nebenabsicht, sondern ganz unbefangen und eher mit widrigem Vorurtheil las, nachdem ich außer den alten Weltweisen die Schriften Baumgartens, Leibniz, Shaftesburi und Berkelei nicht nur gelesen, sondern studirt hatte. Laßen Sie uns indeß bei dieser Befremdung nicht stehen bleiben, die sich von selbst aufklären wird, wenn wir sein System durchgehen. Was haben Sie für Zweifel dagegen?

Philolaus. Wo soll ich anfangen? wo endigen? Das ganze System ist mir ein Paradoxon. „Es giebt nur Eine Substanz und diese ist Gott; alle Dinge sind in ihm nur Modificationen.‟

Theophron. Am Wort Substanz irren Sie sich nicht; Spinoza nahms nach seiner reinsten Bedeutung und mußte es also nehmen,

wenn

wenn er geometrisch schreiben und einen ersten Begriff zum Grunde legen wollte. Was heißt Substanz, als ein Ding, das für sich besteht, das die Ursache seines Daseyns in sich selbst hat? ich wollte, daß diese reine Wort-Bedeutung in die Philosophie hätte eingeführt werden können. Im schärfsten Verstande ist kein Ding der Welt eine Substanz, weil alles von einander und zuletzt alles von Gott abhängt, der auf diese Weise die höchste, einzige Substanz ist. Indessen hat dieser geometrische Begriff in der Philosophie, die immer noch popular bleiben muß, keinen allgemeinen Gebrauch erhalten können, weil wir uns bei aller unsrer Abhängigkeit dennoch für selbstständig halten und auf gewisse Weise auch halten können, wie wir bald sehen werden —

Philolaus. Doch aber sind wir keine bloße Modificationen?

Theophron. Das Wort ist für uns anstößig, und wird daher nie in der Philosophie
Raum

Raum gewinnen. Wagte es indeß die Leibnitzische Schule die Materie eine **Erscheinung von Substanzen** zu nennen; warum sollte dem Spinoza nicht sein härterer Ausdruck erlaubt seyn? Die Substanzen der Welt werden allesammt von göttlicher Kraft erhalten, wie sie nur durch göttliche Kraft ihr Daseyn bekamen; sie bilden also, wenn man will, modificirte Erscheinungen göttlicher Kräfte, jede nach der Stelle, nach der Zeit, nach den Organen, in und mit welchen sie erscheinen. Spinoza nahm also mit seiner einzigen Substanz eine kurze Formel, die seinem System allerdings viel Zusammenhang giebt, unserm Ohr aber fremde klinget. Immer war sie doch besser, als die Gelegenheits-Ursachen der Cartesianer, von denen er ausging und nach denen Gott gleichfalls alles selbst, nur aber gelegentlich wirken sollte. Ein weit unbequemerer Ausdruck; und wie lange hat er gegolten! Selbst die Leibnitzische Philosophie hat ihn nur durch eine andere

Hypo-

Hypothese weggebracht, die freilich artiger klingt, aber auch ihre Schwierigkeiten findet. Es ist die **prästabilirte Harmonie aller Dinge,** von der wir bald reden werden. Sie sehen, m. Fr., daß in allen diesen Ausdrücken keine Ketzerei liegt; nur Einer ist unbequemer als der andere und im Grunde verstehen wir bey allen gleich wenig. Wir wissen nicht, was Kraft sei oder wie Kraft wirke; viel weniger wissen wir, wie die göttliche Kraft etwas hervorgebracht habe und sich jedem Dinge nach seiner Weise mittheile. Daß indessen alles von Einem selbstständigen Wesen sowohl in seinem Daseyn als in seiner Verbindung, mithin auch in jeder Aeußerung seiner Kräfte abhangen müsse; daran kann kein consequenter Geist zweifeln. Worüber lächeln Sie, Philolaus?

Philolaus. Ich sehe so manche pathetische Declamation gegen den Spinoza auf Einmal in ihr Nichts zurückgehn, die mit Nichts als dem Namen seiner einzigen Substanz und seiner Modificationen kämpfte; sie fochten alle blos mit einem Nebel unbequemer Worte. Ihnen ist bekannt, Theophron, welch ein Heer lächerlicher Widersprüche und Gottes-Lästerungen man ihm andichtete, z. B. daß seinem System zufolge Gott bei allem Guten alles Böse in der Welt thun, daß er alle Thorheiten verüben, alle Irrthümer denken, gegen sich selbst streiten, sich in Spinoza selbst lästern und läugnen müßte u. s. Was von Spinoza's Modificationen gilt, gilt von Des-Cartes gelegentlichen Ursachen, von Leibnitzens prästabilirter Harmonie, ja selbst vom physischen Einfluß nicht minder. Geschehen diese Dinge einmal in Gottes Welt: so geschehen sie durch den Gebrauch und Mißbrauch seiner Kräfte, d. i. der Kräfte, die er abhängigen Wesen anschuf und erhält; man möge sich seine Vorhersehung oder Mitwirkung auf solche oder eine andre Weise denken. Ueberhaupt habe ich's gefunden, daß wenn man die Meinung eines Menschen gar zu abgeschmackt

und

und ungereimt vorstellt, man gemeiniglich selbst entweder eine Ungerechtigkeit begehe oder eine Ungereimtheit sage. Man macht sich mit solchen Formeln den Sieg über die schwersten Sachen zwar leicht; es ist aber auch nur das Blendwerk eines Sieges.

Theophron. Also werden Sie jetzt auch darinn keine Gotteslästerung finden, wenn Spinoza das selbstständige Wesen eine nicht vorübergehende sondern die bleibende immanente Ursache aller Dinge nennet?

Philolaus. Wie könnte ich sie finden, da sich gegentheils bei Gott als einer vorübergehenden Ursache der Dinge nichts denken läßt. Wo und wenn und wem gehet er vorüber? Ein Geschöpf ohne seinen Beistand ist nichts und wie kann Der vorübergehen, der keinen Ort hat, keinen Ort räumet, in dem keine Abwechselung und Veränderung seyn kann?

Theophron. Aber wie? wenn Gott außer der Welt wohnte?

Philolaus. Wo ist ein Ort außer der Welt? Sie selbst und Raum und Zeit in ihr, durch welche nur Wir die Dinge messen und zählen, sind ja allein durch Ihn, den Unendlichen da.

Theophron. Vortreflich, Philolaus. Sie gerathen also auch nicht in das Labyrinth von Fragen:

Wie Gott die Ewigkeit einst einsam durchgedacht?

Warum jetzt und nicht eh er eine Welt gemacht?

Oder: — Wie sich die weiten Kreise
Der Anfangslosen Daur gehemmt in ihrer Reise?
Wie Ewig ward zur Zeit und wie der Zeiten Fluß
Ins Meer der Ewigkeit sich einst verlieren muß? u. f.

Phi

Philolaus. Ich setze nicht hinzu:

Das soll ich nicht verstehn und kein Geschöpfe fragen;
Es möge sich mein Feind mit solchem Vor-
witz plagen.

Denn auch meinem Feinde wünschte ich dergleichen Phantome der Einbildungskraft als einen unergründlichen Gegenstand des Wissens nicht. Gott durchdachte keine Ewigkeit einsam: es war kein Jetzt und kein Ehe, eh eine Welt war: eine Anfangslose Dauer ist keine Ewigkeit Gottes und in dieser giebts keine Reihe. Das Ewig kann so wenig zur Zeit, als die Zeit zur Ewigkeit oder das Endliche zum Unendlichen werden.

Theophron. Das haben Sie doch nicht erst aus Spinoza gelernet?

Philolaus. Vielmehr freuete es mich, daß er die gewöhnlichen ganz unphilosophischen Verwirrungen hierüber gerade vorübergegangen war und Zeit und Ewigkeit, das Endlos-Unsbestimmte und das durch sich Unendliche richtig unterschieden hatte. a) Die Ewigkeit Gottes kann durch keine Dauer oder Zeit erklärt werden, gesetzt, daß man diese auch Endlos (indefinite) annähme. Die Dauer ist eine unbestimmte Fortsetzung des Daseyns, die aber schon in jedem Punkt ein Maas der Vergänglichkeit mit sich führet. Dem Unvergänglichen, völlig Unveränderlichen kann sie also auf keine Weise zugeschrieben werden.

Theophron. Die Welt ist also auch mit Gott nicht gleich ewig?

Philolaus. Sie kann dies nicht seyn, weil sie Welt d. i. ein System der Dauer zu- und nach einander geordneter Dinge ist, deren keinem das absolute Daseyn oder die unwandelbare Ewigkeit ohne Maas und Zeitendauer zukommt.

Theophron. Also machts Ihnen auch keine Verwirrung der Begriffe, daß die ewige

Macht

―――――――――
a) v. Epist. 29. E

Macht Gottes schuf und doch keinem der Geschöpfe, auch in ihrem ganzen System nicht, seine Ewigkeit zukommt?

Philolaus. Die ewige Macht Gottes schuf, weil sie sich nie besinnen durfte und nie müßig seyn konnte; kein Geschöpf aber ist ewig wie Gott. Denn sein Daseyn beruhet nur auf einer Folge und hat mit allen seines Gleichen das Zeitenmaas der Veränderung in sich. Also auch eine immerhin fortgesetzte Weltschöpfung wird durch diese Fortsetzung nie ewig. Ihr Maas ist Endlos; aber in unsern Gedanken dennoch ein Maas. Dies alles begreife ich leicht; ich habe aber einen andern Zweifel auf dem Herzen, den ich gelöset wünschte. Er betrifft die Eigenschaften dieses unendlichen, ewigen Gottes bei Spinoza. Wie kann Er, der Zeit und Ewigkeit so richtig unterscheidet, auf der andern Seite so unzusammenhangend seyn, daß er „die Ausdehnung zur Eigenschaft Gottes macht,„ und nicht oft und stark gnug sagen kann: „Gott sei ein Extensum?" Der Raum verhält sich ja völlig wie die Zeit; ist nun jene mit dem Begriff des Ewigen ganz unvergleichbar: so ist der Raum auch mit dem Begriff einer einfachen Substanz, die Spinoza doch mit Felsenvester Stärke annimmt, gleichfalls unausmeßbar.

Theophron. Ihre Bemerkung ist sehr wahr; aber sehen Sie auch, wo Spinoza diesen Irrthum vorträgt: sofort wird Ihnen die Ursache desselben einleuchten.

Philolaus. Er trägt ihn vor, wenn er die Seele von der Materie, d. i. das Denkende vom Ausgedehnten unterscheidet. a)

Theophron. Ist nun Ausdehnung und Materie Einerley? Sehen Sie da den Cartesischen Irrthum, von dem sich der Weltweise nicht losmachen konnte und der die Hälfte seines Systems verdunkelt. Des-Cartes erklärte die

a) Ethic. P. II.

Materie durch Ausdehnung und man könnte sie eben so wohl durch Zeit erklären: denn jene wie diese sind äußere Bedingungen ihres Daseyns mit andern und nach einander. Beide werden also auch zwar der nothwendige Maasstab für jeden denkenden Geist, der selbst durch Ort und Zeit beschränkt ist; das Wesen der Materie aber werden sie nie. Spinoza sträubte sich lange gegen diese Cartesische Erklärung, wahrscheinlich weil er in ihr etwas Unklares merkte: er war mit seines Lehrers schroffer Abtheilung zwischen Materie und Geist nicht zufrieden; was konnte er indessen thun, da ihm ein verbindender Mittelbegriff fehlte? Er nahm also leider auch noch in seiner Ethik die Materie für Ausdehnung d. i. für Raum, setzte sie einem ganz ungleichartigen Dinge, dem Gedanken gegenüber, und jetzt war er freilich auf dem Wege einer dunklen Verwirrung. Denn sagen Sie, m. Fr., was haben Gedanke und Ausdehnung mit einander zu schaffen? und wie können diese,

gera-

gerade nur diese beiden Begriffe die zwo Eigenschaften werden, dadurch sich unter unendlichen andern Eigenschaften, die allesammt eine höchste Realität ausdrucken sollen, der Unendliche offenbart habe? Was ist in der Ausdehnung für Realität, wenn Sie solche auch Endlos d. i. so unbestimmt-fortgesetzt, wie eine immerhin fortwährende Dauer annehmen wollen? Ohne Wesen, ohne wirkende Kräfte ist nichts in ihr; sie ist nur die Bedingung einer Welt, eines Neben-Einanderseyns mehrerer Geschöpfe. Zum absolut-Unendlichen, dem Schöpfer, gehört sie gar nicht, so wie sie auch keine innere wesentliche Vollkommenheit seines Daseyns ausdruckt, das keinen, also auch nicht einen Endlosen Raum erfüllet, das keine, also auch nicht eine Endlose Zeit ausmißt.

Philolaus. Da, lieber Theophron, nehmen Sie mir einen Stein vom Herzen: denn dieser unendlich-ausgedehnte Gott des Spinoza war mir ganz undenkbar, so wie er mir auch eines

nes geometrischen Weltweisen unwürdig schien. Ich merkte wohl, wie er der Theilung dieses unendlich-ausgedehnten und doch einfachen Wesens durch die Vorstellung des mathematischen Raums entweichen wollte, aus der Ursache, daß aus mathematischen Linien und Flächen keine physischen Körper werden. Allein da der mathematische Raum nur ein Abstractum der Einbildungskraft, d. i. eine Bedingung der Wahrheiten ist, die nicht anders als im Raum gedacht werden können; so giebt derselbe bei einer Eigenschaft Gottes, durch welche physische Körper erklärt werden sollen, dennoch keine Auskunft. Ich wollte, daß Spinoza einen Irrthum vermieden hätte, der mir jetzt die schwächste Seite seines sonst so durchdachten Systems scheinet.

Theophron. Tadeln Sie ihn nicht darüber; die Wahrheit hat ihren stillen Fortschritt. Spinoza's Zeiten waren die Kindheit der Naturkunde, ohne welche die Metaphysik Luftschlös-

ser

ſer baut oder im Finſtern tappet. Je mehr man die Materie der Körper phyſiſch unterſuchte, deſto mehr entdeckte man auch in ihr wirkende oder gegenwirkende Kräfte und verließ die leere Definition der Ausdehnung. Schon Leibnitz, in deſſen Geiſt ſich aus allen Naturreichen und Wiſſenſchaften fruchtbare Begriffe geſellten, drang darauf, daß man auch im Begriff der Körper nothwendig zuletzt auf einfache Subſtanzen kommen müſſe, von denen er unter dem Namen der Monaden ſo manches erzählte. Da der lebhafte Verſtand dieſes Mannes alles ſo gern als Hypotheſe ſah und halb als Dichtung vortrug: ſo wurden auch ſeine Monaden, die Wolf ſelbſt nicht recht gefaßt zu haben ſcheint, bald nur als ein witziges Mährchen betrachtet; da ich doch überzeugt bin, daß unter den drei ſinnreichen Hypotheſen, mit denen er die Metaphyſik bereichert hat, dieſe die gründlichſte ſei und gewiß einmal Platz gewinnen werde. Boscovich, obwohl ganz von einer andern Seite,

iſt

ist auf eben dergleichen untheilbare wirkende Elemente gekommen, ohne welche sich die Natur der Körper selbst physisch nicht erklären läßt. a) Wissen Sie jetzt, wie der Mittelbegrif zwischen Geist und Materie heißt, den Spinoza, um dem cartesischen Dualismus zu entweichen, vergebens suchte?

Philolaus. Substanzielle Kräfte. Nichts ist deutlicher als dieses und nichts giebt dem Spinozischen System selbst eine schönere Einheit. Wenn seine Gottheit unendliche Eigenschaften in sich faßt, deren jede ein ewiges und unendliches Wesen ausdruckt: so haben wir nicht mehr zwo Eigenschaften des Denkens und der Ausdehnung zu setzen, die nichts mit einander gemein hätten: wir lassen das anstößige, unpassende Wort Eigenschaft (Attribut) überhaupt gar weg und setzen dafür, daß sich die

Gott-

---

a) Boscowich Philosophiae natur. theoria redacta ad vnicam legem virium in natura exsistentium: Vienn. 1760.

Gottheit in unendlichen Kräften auf unendliche Weisen offenbare. Sofort bleibt uns auch nicht mehr der hinderliche Riegel seines Systems vorgeschoben: „in welchen Eigenschaften, ausser dem Gedanken und der Ausdehnung, sich denn die Gottheit andern Weltsystemen offenbare?„ Da sie doch, unserm Weltweisen zufolge unendliche dergleichen ihr Wesen ausdruckende Eigenschaften besitzen soll, von welchen er uns keine, als diese zwei zu nennen wußte. In allen Welten offenbart sie sich durch Kräfte; mithin hat diese Wesen-ausdrückende Unendlichkeit der Kräfte Gottes durchaus keine Grenzen, obwohl sie allenthalben denselben Gott offenbaret. Kein andres Weltsystem also dürfen wir neidend befragen: „wie sich denn in ihm die Gottheit dargestellt habe?„ Ueberall ists wie hier; überall können nur organische Kräfte wirken und jede derselben macht uns Eigenschaften einer unendlichen Gottheit känntlich. Sie sehen, m. Fr., was hieraus auch für eine

schö-

schöne Folge auf den innern Zusammenhang der Welt folge. Nicht durch Raum und Zeit allein, als durch blos äußere Bedingungen ist sie verbunden; viel inniger ist sies durch ihr eigentliches Wesen, durch das Principium ihrer Existenz, da allenthalben in ihr nur organische Kräfte wirken mögen. In der Welt, die wir kennen, steht die Denkkraft oben an; es folgen ihr aber Millionen andre Empfindungs- und Wirkungskräfte und Er, der Selbstständige, er ist im höchsten, einzigen Verstande des Worts, Kraft, d. i. die Urkraft aller Kräfte, die Seele aller Seelen. Ohn' ihn entstand keine derselben, ohn' ihn wirkt keine derselben und alle im innigsten Zusammenhange drucken in jeder Beschränkung, Form und Erscheinung sein selbstständiges Wesen aus, durch welches auch sie bestehen und wirken.

Theophron. Mich freuets, Philolaus, daß Sie diese Idee so rein aufnehmen und so reich anwenden. Sie führen das System unsres

res Philosophen beinahe schon damit zu einer Tadellosen Einheit, die ihm voraus fehlte. Aber bemerken Sie aus dem gegebnen Mittelbegriff zwischen Seele und Körper, den substanziellen organischen Kräften nämlich, nicht noch andre Folgen?

Philolaus. Eine Reihe andrer. Alle anstößigen Ausdrücke z. B. fallen weg, wie Gott, nach diesem oder nach einem andern System, auf und durch die todte Materie wirke. Sie ist nicht todt; sondern sie lebet: denn in ihr wirken, ihren innern und äußern Organen gemäß, tausend lebendige mannichfaltige Kräfte. Je mehr wir die Materie kennen lernen: desto mehrere derselben entdecken wir in ihr, so daß der leere Begriff einer todten Ausdehnung bei ihr völlig verschwindet. In wenigen Zeiten, was hat man in der Luft für zahlreiche, verschiedene Kräfte entdeckt? was hat die neuere Chymie in allen Körpern bereits für mancherlei Energieen der Anziehung, Bindung, Auflösung, Zurück-
stoßung

ſtoßung gefunden? Ehe die magnetiſche, ehe die elektriſche Kraft entdeckt war; wer hätte ſie in den Körpern vermuthet? und wie Zahlloſe andre mögen in ihnen noch unentdeckt ſchlafen! Es iſt Schade, daß ein denkender Geiſt, wie Spinoza war, ſo frühe von unſerm Schauplatz hinwegmußte; er konnte den ungeheuren Fortgang der Wiſſenſchaft, die auch ſein Syſtem verſchönt hätte, nicht erleben.

Theophron. Auch wir müſſen hinweg, m. Fr., und erleben nicht, was der forſchenden Nachwelt aufbehalten bleibt; gnug, wenn wir jetzt, ſo lange wir daſind, die Gegenwart und Wirkung der Gottheit erkennen, wo und wie ſich uns dieſelbe offenbaret. Spinoza ſagt, daß jede Eigenſchaft oder wie wirs nannten, jede in der Schöpfung offenbarte Kraft Gottes ein Unendliches ausdrücke; wie reimen Sie das? da jeder Theil der Welt ſeine Schranken hat, nicht blos nach Ort und Zeit, ſondern auch ſelbſt zufolge

folge der ihm einwohnenden Natur- oder göttlichen Energieen.

Philolaus. Ist nicht der Raum, ist nicht die Zeit Endlos? welche unzählbare Menge göttlicher Kräfte und Formen kann sich in ihnen also offenbaren! Und da nach Ort und Zeit keine zwei Erscheinungen Dieselben seyn können: welche Unendlichkeit entspringt aus diesem immer-neuen, immer-verjüngten Quell der göttlichen Schönheit! Sehen Sie hinaus gen Himmel nach jenen Milchstraßen der Sonnen und Welten. Mit seinem Spiegelglase entdeckt der Columbus unsrer Nation vielleicht eben jetzt neue Heere derselben in einem kleinen, unsern Augen unsichtbaren Nebelwölkchen. In wie merkwürdigen Zeiten leben wir, da unerhörte, ungeglaubte Offenbarungen Gottes vom Himmel zu uns niedersteigen, jede derselben aufs neue ausdrückend die Herrlichkeit des Urwesens, das alle diese Welten schuf und träget.

Im

Im Unendlichen ist der Unendliche: Einer
und ewig,
im Darstellen, im Seyn, im Erhalten
und Schaffen nur Einer,
immer sich gleich und unendlich. Wie
ewige Säulen, so stehen
vest die Gesetze, die Er sich dachte; so wie
er sie dachte,
fließt aus ihnen Veränderung und bleibt in
ihnen die Allmacht. a)

Theophron. Vortrefflich, mein werther Philolaus, und mit dem letzten Zuge haben Sie zugleich das Unendliche angedeutet, das in jeder Naturkraft selbst, auch ohne Rücksicht ihrer Verbindung in einem endlosen Raum, in einer endlosen Zeit lieget. Erwägen Sie die innere Fülle der Kraft, die sich in jedem lebendigen Wesen zeiget, wie es durch eine ihm eingepflanzte ungeheure Wirksamkeit entstehen und

a) Aus August Hennings philosophischen Versuchen, Koppenhagen 1780.

sich nicht anders als durch solche erhalten und fortpflanzen konnte. Betrachten Sie die Kräfte, die im Bau eines Thiers so verschwiegen wirken! Mit welcher Macht hangen seine Theile zusammen! welch ein Räder- und Triobwerk gehört dazu, daß es sich bewege, sich seinen Lebenssaft bereite, alle die Handlungen ausübe, dazu es bestimmt ist, endlich daß es aus seiner Natur gleichartige Wesen, Bilder seiner selbst, lebend und wirkend, aus eigner Kraft und nach gleicher Anlage hervorbringe und erzeuge. In der Generation allein liegt das Wunder einer eingepflanzten, einwohnenden Macht der Gottheit, die sich, wenn ich so kühn reden darf, in das Wesen jeder Organisation gleichsam selbst beschränkt hat und in diesem Wesen nach ewigen Gesetzen unverrückt und unwandelbar, wie die Gottheit allein wirken kann, wirket. In der Materie, die wir todt nennen, streben auf jedem Punkt nicht minder und nicht kleinere göttliche Kräfte: wir sind mit Allmacht umgeben,

wir

wir schwimmen in einem Ocean der Allmacht, so daß jenes alte Gleichniß immer wahr bleibet: "die Gottheit sei ein Kreis, dessen Mittelpunkt allenthalben, dessen Umkreis nirgend ist,,", weil weder im Raum noch in der Zeit, als in bloßen Bildern unserer Einbildungskraft, die Einbildungskraft nirgend ein Ende findet. Mich dünkt also, der Ausdruck des Spinoza sei sehr glücklich, daß die Zeit nur ein symbolisches Bild der Ewigkeit sei; ich wollte mit Ihnen, daß er den Raum auch für nichts anders gegen die absolute Unendlichkeit des Untheilbaren gehalten hätte. Nicht etwa nur für uns ist das Wesen des Ewigen unausmeßbar; es ist an sich selbst keines Maaßes fähig; in jedem Punkt seiner Wirkung, der nur für uns ein Punkt ist, trägt es seine ganze Unendlichkeit in sich.

Philolaus. Ich befürchte, m. Fr., daß Wenige diesen Unterschied des durch sich selbst Unendlichen und des durch Raum und Zeit in der Einbildungskraft gedachten Endlosen fassen werden, der doch so wahr und nothwendig ist. Als eingeschränkte Wesen schwimmen wir im Raum und in der Zeit; wir zählen und messen also alles mit ihrem Maaß und steigen mit Mühe von Bildern der Einbildungskraft zu dem reinen Begriff, der alles Raum- und Zeitenmaaß ausschließt. Hätte man diesen Unterschied gefaßt; gewiß man hätte nicht so viel von dem weltlichen und außerweltlichen Gott geredet, noch weniger würde man den Spinoza je beschuldigt haben, daß er seinen Gott in die Welt einschließe und mit derselben identificire. Sein unendliches höchst-wirkliches Wesen ist so wenig die Welt selbst, als das Unendliche der Vernunft und das Endlose der Einbildungskraft Eins ist: kein Theil der Welt kann also auch ein Theil Gottes seyn, weil das einfache höchste Wesen durchaus keine Theile hat. Deutlich sehe ich jezt, daß man unserm Philosophen den Pantheismus eben so unrecht Schuld gegeben habe, als den Atheismus. Alle Dinge, sagt

er,

er, sind Modificationen oder wie wirs unanstößiger sagen wollen, Ausdrücke der göttlichen Kraft, Hervorbringungen einer der Welt einwohnenden ewigen Wirkung Gottes; sie sind aber nicht zertrennliche Theile eines völlig untheilbaren Einzigen Daseyns.

Theophron. Läugnen wollen wirs indessen nicht, Philolaus, daß manche harte Ausdrücke Spinoza's seinen Gegnern, die nur bei einigen seiner Worte stehen blieben und solche durch andre seiner deutlichsten Grundsätze zu erklären nicht Lust hatten, zu Mißverständnissen solcher Art Anlaß geben konnten. Er hatte sein System zu hoch, dazu auf eine ungewöhnliche Bedeutung des Worts Substanz angelegt und da er sich über den Cartesischen Nebel, daß Materie nur Ausdehnung sei, nicht heben konnte; so mußte er, fast dem halben Theil seines Systems nach, harte Ausdrücke wählen. Den Irrthum indessen, daß er das Wesen Gottes und der Welt verwirret habe, hätte man ihm

nicht

nicht aufbürden sollen; viele seiner Theoreme werden eben deßwegen so unbequem, weil er das Wesen Gottes und der Welt ja immer unterscheiden will und nicht gnug wiederholen kann „Gott unter solcher Modification, unter solchem Attribut betrachtet.„ Hätte er den Begriff der Kraft und Wirkung gewählt: so wäre ihm alles leichter und sein System viel anschaulicher und zusammenhangender geworden. Der leichtere Zusammenhang philosophischer Wahrheiten aber hat sich nur allgemach entwickelt und Leibnitz, dieser Proteus der Wissenschaft, ein vor Millionen andern leicht verbindender Kopf, Er behält das Verdienst, eben nach so manchen unbequemen Vorstellungsarten eines Des-Cartes, Spinoza, Hobbes u. a. viel zu diesem leichtern Zusammenhange beigetragen zu haben. Eine glückliche Leichtigkeit mannichfaltiger Verbindungen war, wie mich dünkt, Leibnitzens glänzendstes Talent: in seinen unbedeutendsten Aufsätzen hat er oft Samenkörner hingeworfen,

die

die von seinem, ihm sehr ungleichen Nachfolger Wolf lange noch nicht alle aufgenommen, geschweige denn zur ganzen Ernte gebracht sind. Ihm selbst fehlte die Zeit, seinen eignen Reichthum ganz zu nutzen, weil er mit zu vielem zerstreuet war und ihn zuletzt der Tod übereilte.

Philolaus. Sie kommen mit dieser Anmerkung, lieber Theophron, einer ähnlichen zuvor, die ich schon damals machen wollte, als Sie mich auf den Mittelbegriff zwischen Geist und Materie, die substanzielle Kraft verwiesen. Sie schrieben unserm Deutschen Philosophen das Verdienst zu, daß nach den harten Aeußerungen eines Des-Cartes, Spinoza, Hobbes u. a., die der Materie entweder Alles oder Nichts, d. i. blos die Ausdehnung zuschrieben, Er es zuerst gewesen, der den Grund ihrer Erscheinung, immaterielle Substanzen, in die Metaphysik eingeführt habe. Sollte nach Einführung derselben seine zwar sinnreiche, aber,

wie

wie mich dünkt, so erzwungene Hypothese der prästabilirten Harmonie zwischen Gedanken und der Materie, die, wie zwo Uhren zwar übereinstimmend, aber völlig unabhängig von einander spielen, nöthig gewesen seyn? Auch seine Materie ward ja von immateriellen Kräften belebt, in welche jede höhere Art immaterieller Kräfte wirken konnte; also bestätigte sich der sogenannte **physische Einfluß**, den uns allenthalben die Natur zeigt und gegen welche keine willkührliche Hypothese etwas vermag, ja eben aus seinem System. Die ganze Welt Gottes wird ein Reich immaterieller Kräfte, deren keine ohne Verbindung mit andern ist, weil eben nur aus dieser Verbindung und gegenseitigen Wirkung ihrer aller Erscheinungen und Veränderungen der Welt werden. Und mit wie weniger Aufopferung hätte Leibnitz diesen Schritt thun mögen! da seine prästabilirte Harmonie eigentlich schon im Cartesianismus, als Fehler derselben lag und Spinoza, Geu-

linx

linx u. a. ihre ganze Abschichtung der Geister und
Körper auf sie gründen. Er war also nicht ein=
mal der Erfinder dieser Hypothese oder die Er=
findung war so leicht, daß er solche gegen die
ihm eigne schönere Wahrheit wohl hätte auf=
opfern mögen.

Theophron. Und eben diese Nähe des
Cartesianismus, m. Fr., hinderte ihn am Ge=
brauch seiner bessern Erklärung: denn das ist
das Schicksal auch des fruchtbarsten menschli=
chen Geistes, daß er mit Ort und Zeit umfan=
gen, in gewissen Ideen gleichsam aufwächst und
sich nachher nur mit Mühe von ihnen zu tren=
nen vermag. Leibnitz lebte die blühendste Zeit
seines philosophischen Lebens den Gedanken
nach mehr in Frankreich als in Deutschland.
Dort stand er in so vielen Verbindungen; dort
glänzte sein scharfsinniger Verstand zuerst über
Europa auf. Weil nun in Frankreich Des=Car=
tes und Malebranche, sie mochten angenom=
men oder bestritten werden, im meisten Ruf

standen: so ward seine Bemühung auch vorzüglich auf dieses Feld der Ehre gezogen. Er bildete also seine Hypothese der prästabilirten Harmonie mit einer Geschicklichkeit aus, daß sie als neu erscheinen und die Gelegenheits=Ursachen des Cartesius, so wie den unmittelbaren göttlichen Einfluß des Malebranche allerdings entbehrlich machen konnte, ob sie gleich auf die mangelhaften Grundsätze des ersten Philosophen selbst gebauet war. Leibnitz sprach sogern nach der Fassungskraft Andrer und so erfand er auch seine sinnreichsten Hypothesen. Als er späterhin durch die Lehre der Monadologie der Metaphysik über Körper einen ganz andern Weg anwies, ließ er jene Hypothese, die einmal in Ruf gekommen war und zum Ruhm seines Namens viel beigetragen hatte, an ihrem Ort stehen, weil sie sich auch neben dieser neuen Hypothese gewissermaaße noch immer vertheidigen konnte. Blieb es gleich keine prästabilirte Harmonie mehr zwischen Geist und Körper, sondern bern eine Harmonie zwischen Kräften und Kräften; Harmonie blieb es doch immer: denn wer konnte, wer kann es erklären, wie Kraft auf Kraft wirket?

Philolaus. Sie retten Ihren Verehrten sehr fein; erlauben Sie mir aber zu sagen, daß ich im ganzen Spinoza, in dem doch Hartes gnug ist, nichts so Gezwungenes gefunden habe, als eben diese prästabilirte Harmonie, die auch Er zum Grunde leget.

Theophron. Wissen Sie denn nicht, Philolaus, daß manche Kunst eben in einer leichten Ueberwindung des Schweren, d. i. in jener seltnen Gabe besteht, ein äußerst Erzwungenes ungezwungen vorzustellen und damit angenehm zu täuschen? So stellte Columbus sein Ei auf: so bildete Leibnitz diese Hypothese: so ist manche andere Hypothese gebildet.

Philolaus. Künste, dergleichen ich, auch vom sinnreichsten Kopf ersonnen, der Philosophie

phie eben nicht wünschte. Einfältig muß man dem Gange der Natur folgen —

Theophron. Einfältig, aber auch schlau bemerkend: denn die Natur ist so reich als einfach. Was Leibnitz nicht thun konnte: (denn er hat kein metaphysisches System geschrieben,) das werden andre thun und mancherlei Versuche sind schon geschehen. Mit nichten steht die Philosophie still, wie es einige wähnen und gesetzt daß sie auch eine Zeitlang ausruhete; so ist diese scheinbare Ruhe gewiß zu ihrem Vortheil. Die Physik und Naturgeschichte gehen indeß mit mächtigen Schritten fort und da die speculative Philosophie nur Metaphysik, d. i. eine Nachphysik ist: so wirds dem menschlichen Geist immer ersprießlich, wenn sie sich nicht vordrängt, wie sie's Jahrhunderte durch gethan hat und leider thun mußte —

Philolaus. Seit Des-Cartes Zeiten aber wollte sie doch der genauesten und reinsten Wissenschaft, der Mathematik folgen.

Theo-

Theophron. Sie ist ihr gefolgt und hat von ihrer Führerin alles gelernt, was diese sie lehren konnte: Bestimmtheit in den Begriffen, Genauigkeit in den Beweisen und Ordnung. Sind aber die Begriffe einmal willkührlich erfaßt oder unvollständig abstrahiret: so hilft alle mathematisch-reine Darstellung derselben, in der besten methodischen Ordnung nicht. Die Beweise werden Scheinbeweise, ja die strenge Form selbst kann ein Hinderniß der Wahrheit werden. Wir sahen dies an Spinoza. Mit dem Einen willkührlich-angenommenen Begriff der Materie war eine Menge andrer willkührlicher Erklärungen von Attributen, Modificationen, Raum, Körper u. f. veranlaßt, welche die mathematische Methode nicht gut machen konnte. In der Kritik hat man die Probe, daß was in Prose Unsinn ist, es auch in Versen seyn müsse: so können auch harte Ausdrücke, die in ungebundner Rede beleidigen, durch die geometrische Form allein nicht gutgemacht werden. Man wird eher aufgebracht, daß man Sätze der Art demonſtrirt ſieht und muß ſich orientiren —

Philolaus. Trügliche Philoſophie, in welcher man ſich orientiren muß; da eben ſie, auch ſchon der Methode nach, uns orientiren ſollte. Gnug indeſſen, daß Spinoza weder ein Atheiſt noch Pantheiſt iſt; ein dritter harter Knoten in ihm bleibt mir noch übrig.

Theophron. Ich merke leicht, wer er ſei; und wie, wenn wir in dem harten Knoten eben das ſchönſte Goldſtück fänden?

Philolaus. Es ſoll mich ſehr freuen und jede Mühe der Auflöſung wird mir willkommen ſeyn; aber wer, m. Fr., iſt der Verfaſſer der ſcholaſtiſchen Ode, die Sie mir neulich mittheilten?

Theophron. Ein Atheiſt, der verbrannt wurde, Vanini. Noch auf dem Richtplatz hob er einen Strohhalm auf und ſagte: „daß
wenn

wenn er so unglücklich wäre, keine andern Beweise vom Daseyn Gottes zu haben, als diesen Strohhalm: so würde dieser ihm gnug seyn.„

Philolaus. Und ward dennoch verbrannt? Vielleicht sonst als Ketzer?

Theophron. Ein eitler junger Mann war er, von vielen Fähigkeiten und vieler Ruhmsucht: er wollte ein Julius Cäsar in der Philosophie seyn und ward ihr trauriges Opfer. Wie gefällt Ihnen seine Ode?

Philolaus. Für die Zeiten Vaninis gefällt sie mir sehr wohl. Der Ausdruck ist im Latein der damaligen Zeit und die Theorie über das höchste Wesen scholastisch; der zweite Theil des Gedichts aber ist sehr innig und herzlich. Der Dichter ist so durchdrungen von seinem Gegenstande, daß er allen Reichthum seiner Sprache aufbietet, um uns den Einzigen darzustellen, ohne den wir nichts; durch den wir aber alles sind, was wir sind, was wir können und wirken.

Theophron. So wird Ihnen vielleicht auch dies Blatt morgenländischer Sentenzen über das höchste Wesen nicht mißfallen. Sie sind im Geist der Sprachen des Orients gedacht, also auch vorgetragen und können nicht anders als in solchem gelesen werden. Morgen sprechen wir über unsern Spinoza weiter.

Gott.

Einige Aussprüche der Morgenländer.

In Ihm leben, weben und sind wir. Wir sind seines Geschlechts.

———

Von Ihm, in Ihm und zu Ihm sind alle Dinge. Ihm sei Ehre in Ewigkeit.

Paulus.

———

Wenn

Wenn wir gleich viel sagen, so werden wir's doch nicht erschöpfen; der Inbegriff aller Gedanken, das All ist Er. Sirach.

———

Ihm allein kommt es zu, zu sagen: Ich! Er dessen Reich ewig und dessen Wesen sich selbst genug ist. Wer außer ihm sagt: Ich! ist ein Teufel.

———

Der Geschöpfe Eigenschaften sind alle zwiefach: denn wie sie auf der Einen Seite Macht haben: so haben sie auf der andern Schwachheit. Wenn sich in einer Sache Ueberfluß befindet: so findet sich auch Mangel bei ihr. Kenntniß und Unwissenheit sind mit einander vereinigt, Kraft und Schwachheit, Leben und Tod. Nur des Schöpfers Macht ist ohne Grenzen, sein Reichthum ohne Mangel, seine Wissenschaft ohne Dunkelheit, sein Leben ohne Tod. Alle Dinge sind zwiefach geschaffen, Gott allein ist einzig und ewig.

———

Die Menschen, o Gott, messen Dich nicht mit dem Maaß, mit welchem Du gemessen werden mußt; nur von Deinem Wesen allein kann Dein Wesen begriffen werden. Denn was für ein Verhältniß kann seyn, zwischen dem, der ewig ist und zwischen dem, der in der Zeit geschaffen worden? zwischen ein wenig Wasser und Erde, und zwischen dem Herren aller Dinge?

Die droben im Tempel seiner Herrlichkeit anbeten, gestehen es und sagen: „wir verehren Dich nicht, o Gott, mit würdiger Verehrung." Wenn sie den Glanz seiner Schönheit preisen, stehn sie erstaunt und klagen: „wir erkennen Dich nicht, o Gott, mit wahrer Erkenntniß."

Und wenn nun jemand mich um sein Lob fragte; was sollte der Sinnlose vom Bildlosen sagen? Der Liebende wird ein Opfer des Geliebten und das Opfer verstummt.

Ein

Ein Betrachter Gottes, ein redlicher Mann, senkte das Haupt zum Busen und schien wie untergegangen im Meer der Beschauung. Als er emporkam, redete ihn Einer seiner Vertrauten an und sprach: was hast du uns schönes mitgebracht aus dem Garten, in dem du warest?

Ich wollte Rosen brechen, antwortete er; mein Kleid, meinen Busen wollte ich anfüllen mit ihnen, ein Geschenk für meine Freunde; schon nahte ich mich dem Busch voll schöner erquickender Rosen; allein der starke Duft derselben berauschte, überwältigte mich; meiner Hand entsank das Kleid und alle gesammleten Rosen.

Lautsingende Nachtigall, von der Mücke lerne, was Liebe sei? Sie fliegt hinein in die geliebte Flamme, ihr Flügel versenget; todt und stumm sinkt sie danieder.

Jene Prahler, jene Schwätzer von Gott wissen nichts von ihm; wer ihn kennet, schweigt.

O Du, höher als alle Gedanken, als alles Urtheil, als jede Meinung, als jede Einbildung. Alles was die Väter sagten, las und hörete ich: Gespräch und Leben ist zu Ende und ich bin eben am Anfange Deiner Beschreibung.

Drittes Gespräch.

Philolaus.

Was haben Sie da für eine schöne Göttinn vor sich? Schön wie die Liebe und ernst wie die Weisheit: sie blickt zum verschleierten Busen hinunter und hält die Linke, als ob sie etwas an ihr messe; die gemessene Hand hält einen Zweig. Es ist etwas Stilles in ihrem Tritt und eine erhabene Anmuth in ihrer ganzen Haltung.

Theophron. Es ist die Nemesis der Griechen, ein personificirter Begriff, den ich sehe sehr liebe. Sie ist ernst und schön: denn sie ist eine Tochter der Gerechtigkeit, die nicht anders als eine weise Güte seyn kann. Darum misset sie mit der Rechten das Betragen und Glück der Sterblichen ab und blickt unpartheiisch zum Busen hinunter; für den aber, der das Maas trift, hält sie den Zweig der Belohnung. Sonst hat sie auch ein Rad unter ihren Füßen: eine Anzeige, daß sie das Glück des Uebermüthigen im schnellen Nu, durch die leichteste Berührung stürze und ihn verderbe. Bei der Bildsäule ließ der Künstler dies Symbol weg und gab ihr dafür nur den stillen Tritt, die sanfte veste Haltung, die Sie bemerkten; unsre Nemesis m. Fr. soll des schreckenden stürzenden Rades auch nicht bedürfen. Das ernst-gütige Angesicht der Göttinn selbst, ihr weises Maas und der Zweig des Glückes, den sie in der Hand hält, sind der Symbole gnug, uns an die veste Naturwahrheit zu erinnern: „daß aller Bestand, alles Wohlseyn, ja das Daseyn der Dinge selbst

nur

nur auf Maas, Proportion und Ordnung gebauet seyn und sich durch diese allein erhalten."

Philolaus. Da treffen Sie, Theophron, auf den Satz eines meiner geachtetsten Philosophen, den ich den Leibnitz unsrer Zeit nennen möchte, Lamberts. Sowohl in seinem Organon als in seiner Architektonik kann er nicht oft gnug auf die Wahrheit zurückkommen, „daß der Beharrungsstand, mithin das Wesen jedes eingeschränkten Dinges, allenthalben auf einem Maximum beruhe, bei welchem gegenseitige Regeln einander aufheben oder einschränken, mithin die Bestandheit der Dinge und ihre innere Wahrheit, nebst dem Ebenmaas, der Ordnung, Schönheit, Güte, die sie begleiten, auf eine Art innerer Nothwendigkeit gegründet sei." Er giebt Ihnen also Ihre Nemesis mit dem messenden Arm und dem Zweige in der Hand als eine mathematisch=physisch= und metaphysische Formel.

Theo=

Theophron. Auch in dieser Gestalt habe ich sie lieb und wenn sich ungleichartige Dinge vergleichen ließen, fast noch lieber, als in welcher sie der Künstler bildete. Dieser mußte sich begnügen, mancherlei Symbole zusammen zufügen; die abstrakte Wahrheit giebt mir solche als nothwendige Bestimmungen des Begriffes selbst, mithin nehmen das Maas und der Zweig der Belohnung in ihr eine viel wesentlichere Gestalt an. Aber wo ist das Rad der Veränderung, das der Nemesis gehöret, in Ihrer mathematischen Formel?

Philolaus. Der Weltweise vergaß es nicht; er bemerkte, „daß wenn Dinge oder Systeme von Dingen in ihrem Beharrungszustande gestört werden, sie sich demselben auf Eine oder die andere Weise wieder zu nähern trachten,„ und bestimmte diese Weisen.

Theophron. Vortreflich. Sie sehen, Philolaus, den Vorzug solcher wissenschaftlichen

,chen Formeln. Was der gemeine Verstand in täglichen Erfahrungen dunkel, aber anschauend bemerkt, bringen sie ins Licht, führen es auf allgemeine Gesetze, ja wo möglich auf Zahl und Größe zurück; dadurch bekommt ihre Behauptung einen Werth der bestimmten Gewißheit, ja einer allgemeinen Anwendung, die man nachher gern bei jedem einzelnen Gegenstande verfolget. Wahrscheinlich wird es Ihr Lambert auch so gemacht haben.

Philolaus. In reichem Maaße. Er wendet das Maximum seines Beharrungszustandes in mancherlei Beispielen auf die verschiedensten Gegenstände an und findet es bei allen beschränkten und zusammengesetzten Systemen der Kräfte. So hat er in einer eignen Abhandlung die Bewegungen des menschlichen Körpers berechnet und eine Reihe von ihren Maximis gefunden: gleichergestalt hat er eine Theorie der Ordnung versucht und seinen Beharrungszustand auch auf Gegenstände der
Schön-

Schönheit, der Güte, des Nutzens anzuwenden angefangen. Er hat mehrmals den Wunsch geäußert, daß bei allen Systemen zusammengesetzter, beschränkter Kräfte z. B. bei dem Weltbau, diese Regel bewiesen und angewandt werden möchte. Gewiß hätte er auch selbst diesen seinen Lieblingssatz noch weiter verfolgt, wenn ihn nicht ein frühzeitiger Tod zum Schaden mehrerer Wissenschaften, die er anbaute, dahingerissen hätte.

Theophron. Sein Tod ist zu beklagen; aber andre Geister werden anbauen, was er uns vollendet gelassen hat. In der mathematischen Physik hat man viele dergleichen Gesetze und Compensationen der höchsten Weisheit bereits gefunden, die alle Willkühr ausschließen und dem denkenden Geist den hohen Begriff „innerer Vollkommenheit, Güte und Schönheit in der Existenz und Fortdauer eines jeden Dinges," zu seiner unbeschreiblichen Freude geben. Aus manchen dieser Bemerkun-

gen hat man freilich Anfangs zuviel schließen wollen; das schadet aber der Schönheit ihrer Erfindung nicht. Der Irrthum schleift sich ab; aber die Wahrheit bleibet. Je mehr die wahre Physik zunimmt: desto weiter kommen wir aus dem Reich blinder Macht und Willkühr hinaus, ins Reich der weisesten Nothwendigkeit, einer in sich selbst vesten Güte und Schönheit. Alle sinnlose Furcht verschwindet, wenn die freudige klare Zuversicht allenthalben eine Schöpfung gewahr wird, in deren kleinstem Punkt der ganze Gott mit seiner Weisheit und Güte gegenwärtig ist, und dem Wesen dieses Geschöpfs nach mit seiner ungetheilten und untheilbaren Gotteskraft wirket. Wo bleibt z. B. das leere Schrecken, daß ein Comet unsre Erde überflügle; seitdem man den Gang dieser Weltkörper genauer kennet und nicht nur mehr als sie benzig derselben, sondern selbst die Fälle berechnet hat, in welchen eine solche Ueberstürzung nach Naturgesetzen zu befürchten wäre. Die
Mög-

Möglichkeit dieses Unfalls wird durch die Berechnung so ungeheuer klein, daß sie, der innern Natur der Kräfte nach, durch welche sich das Weltall erhält, beinahe zum Nichts verschwindet. Was hat man nicht von den Unregelmäßigkeiten und ihren bösen Folgen gewähnt, in welche sich die Himmelskörper durch ihre gegenseitige Anziehungen mit der Zeit stürzen müßten! Der leere Schrecken ist blos durch die klärere Ansicht der Sache selbst verschwunden, da man gefunden hat, daß nach unwandelbaren Gesetzen der Natur sich diese Unregelmäßigkeiten einander selbst compensiren. Wohlthätige, schöne Nothwendigkeit, unter deren überall ausgebreitetem Scepter wir leben! Sie ist ein Kind der höchsten Weisheit, die Zwillingsschwester der ewigen Macht, die Mutter aller Güte, Glückseligkeit, Sicherheit und Ordnung. Wüßte ich ein schöneres Bild derselben aus dem Alterthum; die Nemesis sollte dieser höheren Adrastea sogleich ihren Platz einräumen.

Phi-

Philolaus. Das war also das Goldstück, das Sie mir in dem Knoten versprachen, den uns Spinoza mit seiner innern Nothwendigkeit der Natur Gottes geknüpft hat; aber, Theophron, der Knote ist noch nicht gelöset. Wie hart redet er gegen alle Absichten Gottes in der Schöpfung! Wie bestimmt spricht er Gott den Verstand und Willen ab, und leitet alles, was da ist, blos und allein aus seiner unendlichen Macht ab, die er nicht nur über Verstand und Absichten setzt, sondern auch völlig von derselben trennet. Sie wissen, m. Fr., daß diese Sätze unserm Philosophen die härtesten Gegner zugezogen haben; selbst Leibnitz, der den Spinoza sehr ehrte, hat sich in seiner Theodicee aufs bestimmteste gegen sie erkläret. Wenn Sie diese so beleidigenden Sätze mit der gesunden Vernunft oder mit dem in Manchem andern so vortreflichen System des Spinoza vereinigen können, so wünsche ich mir selbst die Nemesis zu seyn, die Ihnen den Zweig reiche. **Theo-**

Theophron. Ich wünsche ihn nur aus der Hand der Wahrheit: denn ich kann klar beweisen, Theils, daß Spinoza sich selbst in diesen Sätzen nicht völlig verstanden, weil sie Folgen der bösen Cartesischen Erklärungen sind, die er in sein System nahm und seiner Zeit gemäß nehmen mußte; Theils daß man ihn noch viel falscher verstanden hat, als er sich dunkel ausdruckte. Räumen wir aber jene Irrthümer des Cartesius weg und erklären des Spinoza Sätze blos der Grundidee zufolge, auf welche er sein eignes System bauete: so hellen sie sich auf; die Nebel ziehen hinweg und Spinoza gewinnt, wie mich dünkt, selbst einen Schritt vor Leibnitz voraus, der vorsichtig, aber in diesem Stück vielleicht zu-vorsichtig auf ihn folgte.

Philolaus. Ich bin sehr neugierig.

Theophron. Zuerst läugne ich's völlig, daß Spinoza Gott zu einem Gedankenlosen Wesen dichte; schwerlich kann es einen Irrthum ge=

(96)

geben, der seinem System mehr zuwider liefe, als dieser. Das Wesen Gottes ist bei ihm durchaus Wirklichkeit und Spinoza war selbst zu sehr ein Denker um nicht die Realität auch dieser Vollkommenheit, der höchsten, die wir kennen, innig zu schätzen und zu fühlen. Sein höchstes Wesen also, das alle Vollkommenheit auf die vollkommenste Weise besitzet, kann der vorzüglichsten derselben, des Denkens, nicht ermangeln: denn wie wären sonst Gedanken und Vorstellungsarten in eingeschränkten, denkenden Geschöpfen? die, nach Spinoza's System allesammt ja nur Darstellungen und reelle Folgen jenes höchstrealen Daseyns sind, das, nach seiner Erklärung, allein den Namen eines Selbstbestehenden verdienet. In Gott ist also, wie er deutlich sagt, unter unendlichen Eigenschaften auch die Vollkommenheit eines unendlichen Denkens, die Spinoza nur deßwegen vom Verstande und den Vorstellungsweisen eingeschränkter Wesen unterscheidet, um jene als

Ein

Einzig in ihrer Art und ganz unvergleichbar, mit diesen zu bezeichnen. Sie werden sein Gleichniß bemerkt haben, daß sich die Gedanken Gottes zu menschlichen Vorstellungsarten wohl kaum anders verhalten könnten, als das Gestirn am Himmel, das man den Hund nennt, zu einem irrdischen Hunde.

Philolaus. Das Gleichniß hat mich mehr betroffen als belehret.

Theophron. Es sollte auch nicht belehren und wir werden bald sehen, daß ihm der Vergleichungspunkt wirklich fehlet. Soviel zeigts indessen an, daß Spinoza auch hier lieber zu scharf griff und sich zu hart ausdrückte, als daß Er, ein Eifrer für den würdigsten, höchsten Begriff Gottes, diesen zu irgend einer schwachen Vergleichung mit einzelnen Erscheinungen der Schöpfung erniedrigen ließe. Daß aber alle reine, wahre, vollständige Erkenntniß in unsrer Seele gleichsam nur eine Formel des

gött-

göttlichen Erkennens sei; das, getraue ich mir zu sagen, hat niemand stärker behauptet, als Spinoza. Er, der die Natur des Göttlichen im Menschen einzig nur in diese reine lebendige Erkenntniß Gottes, seiner Eigenschaften und Wirkungen setzte.

Philolaus. Eben aber deßwegen, m. Fr. Sollte sein unendlich-denkendes Wesen nicht blos ein gesammleter Name aller der Verstandes- und Denkkräfte seyn, die in einzelnen Geschöpfen allein wirklich sind und leben?

Theophron. Gott also wäre ein gesammleter Name? das wirklichste Wesen ein Unding, der Schatte in der Vorstellungsart einzelner Menschen? oder vielmehr ein bloßes Wort, der Schall eines Namens? Der höchst-Lebendige also ein Todter, der Allwirksame die letzte stumpfste Wirkung menschlicher Kräfte? Philolaus, wenn Sie das aus eigner Empfindung dem Spinoza zuschreiben und das völligste Gegengentheil seines Systems zu seinem System machen können: so thut's mir leid, daß ich Ihnen sein Buch gegeben und mit Ihnen Ein Wort über ihn gewechselt habe. Verzeihen Sie mir meine offne Wahrheit: denn ich kann mir nicht einbilden, daß solche Sie treffe, da Sie den auch in seinen Fehlern wenigstens zusammenhangenden Weltweisen unmöglich von Blatt zu Blatt und von Ende zu Ende so mißverstehen konnten. Sie sprachen wahrscheinlich aus dem Munde eines seiner Gegner im vorigen Jahrhundert; ob Sie gleich auch das nicht hätten thun dürfen.

Philolaus. Eifern Sie nicht; im Gespräch führt man bisweilen auch eine fremde Meinung ein, wenn sie der Materie forthilft und sie durch Gegensätze erläutert. Für mich selbst bin ich über Spinoza's Meinung hierüber durchaus nicht zweifelhaft gewesen, seitdem ich seine Ethik gelesen habe. Wie eifert er gegen die, die Gott zu einem abstracten, todten Con-

secta-

sectarium der Welt machen wollen! da dieses Einzige Wesen bei ihm die Ursache alles Seyns und Denkens, mithin auch unsrer Vernunft, jeder Wahrheit und jeder Verbindung von Wahrheiten ist! Wie hoch hält er eine vollständige und vollkommene Idee! Sie ist ihm die Erkenntniß des ewigen, göttlichen Wesens; göttlich auch darinn, daß sie sich die Dinge nicht zufällig, sondern als nothwendig unter einem Bilde der Ewigkeit vorstellet und eben dieser innern Nothwendigkeit wegen ihrer selbst so gewiß ist, wie Gott derselben gewiß seyn kann. Höher hat kein Sterblicher das Wesen des menschlichen Gemüths, das Kraft seiner Natur Wahrheit erkennet und solche als Wahrheit liebt, gehoben, als dieser Spinoza; und Er sollte seinen Gott, den Ursprung, Gegenstand und Inbegriff aller Erkenntniß blind wie einen Polyphemus gedichtet haben? Beinah schäme ich mich selbst vor dem Geist des Mannes, daß ich diesen Antipoden-Vorwurf gegen ihn anführte. Theo-

Theophron. Wohlan also, eine unendliche, ursprüngliche **Denkkraft,** der Urquell aller Gedanken ist nach Spinoza Gott=wesentlich; über die unendliche **Wirkungskraft** in ihm haben wir, diesem System nach, nicht zu zweifeln.

Philolaus. Nein: denn nach Spinoza ist Verstand und Wille sogar Eins. D. i. in unsrer lindern Sprache, ein Verstand, der das Beste einsieht, muß auch das Beste wollen und wenn er die Kraft dazu hat, es wirken. An der unendlichen **Macht** seines Gottes aber ist nicht zu zweifeln, da er eben dieser Macht alles unterwirft und von ihr alles herleitet.

Theophron. Was fehlte ihm also, daß er die unendliche Denk= und Wirkungskraft nicht verband und in dieser Verbindung das nicht deutlicher ausdruckte, was er in ihr nothwendig finden mußte, nämlich: **daß die höchste Macht nothwendig auch die weiseste Macht,**

Macht, d. i. eine nach innern ewigen Gesetzen geordnete, unendliche Güte sei? Denn eine ungeordnete, Regellose, blinde Macht ist ja nie die höchste; nie kann sie das Vorbild und der Inbegriff aller der Ordnung, Weisheit und Regelmäßigkeit seyn, die wir, obgleich eingeschränkte Wesen, nach ewigen Gesetzen in der Schöpfung bemerken; wenn sie selbst diese Gesetze nicht kennet, und solche nicht als ihre ewige, innere Natur ausübet. Von einer geordneten müßte die blinde Macht nothwendig übertroffen werden und könnte also nicht Gott seyn. — Woher daß Spinoza hier so in der Dunkelheit blieb und die zusamenhangende Stärke seines eignen Systems nicht erkannte?

Philolaus. Jetzt merke ich's, Theophron, und ich danke Ihnen, daß Sie mir auf den Weg geholfen haben; es ist immer noch jene falsche Cartesische Erklärung, die ihm auch hier sein eigenes Licht verbaute. Gedanke und Ausdehnung stehen ihm nämlich als zwei unberührbare

bare Dinge entgegen; der Gedanke kann nicht durch die Ausdehnung, die Ausdehnung nicht durch den Gedanken begränzt werden. Da er nun beide als Eigenschaften Gottes, eines untheilbaren Wesens annahm und keine durch die andre zu erklären wagte: so mußte er ein Drittes annehmen, unter welches sich beide fügten und das nannte er Macht. Hätte er den Begriff von Macht, wie den Begriff der Materie entwickelt: so müßte er bei diesem nothwendig und selbst seinem System zufolge, auf den Begriff von Kräften gekommen seyn, die eben sowohl in der Materie, als in Organen des Denkens wirken; mithin hätte er auch in jenem, Macht und Gedanken als Kräfte, d. i. als Eins betrachtet. Auch der Gedanke ist Macht und zwar die vollkommenste, schlechterdings unendliche Macht, eben dadurch, daß er alles ist und hat, was zur unendlichen, in sich selbst gegründeten Macht gehöret. Der Knoten ist also gelöset und das Gold
in

in demselben liegt vor mir. Die ewige Urkraft, die Kraft aller Kräfte ist nur Eine und in jeder Eigenschaft derselben, wie solche unser schwache Verstand auch theilen möge, ist sie gleich unendlich. Nach ewigen Gesetzen seines Wesens denkt, wirkt und ist Gott das Vollkommenste auf jede von ihm allein denkbare, d. i. die vollkommenste Weise. Nicht weise sind seine Gedanken; sondern die Weisheit: nicht gut allein sind seine Wirkungen, sondern die Güte: und das alles nicht aus Zwang, nicht aus Willkühr, als ob auch das Gegentheil statt haben könnte, sondern aus seiner innern, ewigen, ihm wesentlichen Natur; aus ursprünglicher, vollkommenster Güte und Wahrheit.

Jetzt sehe ich auch, m. Fr., warum Spinoza so sehr gegen die Absichten ist und dem Anschein nach hart gegen sie redet. Sie sind ihm Willkührlichkeiten und Velleitäten, die der Künstler gewollt, aber auch nicht gewollt haben könnte. Was Gott wirkte, darüber durf-

durfte er nicht erst berathschlagen und wählen; die Wirkung floß aus der Natur des vollkommensten Wesens: sie war einzig und außer ihr nichts anders möglich.

Jetzt erinnere ich mich auch der vielen Anthropopathieen selbst in Leibnitz vortrefflicher Theodicee, die mir nie recht zu Herzen wollten, ob ich damals gleich an ihre Stelle nichts besseres zu setzen wußte, weil ich vor der blinden Nothwendigkeit zurückbebte. Ich bemerke anjetzt, daß meine Furcht vergebens war und daß man keine blinde Nothwendigkeit nöthig habe, um jene Lichtvolle, denkende Nothwendigkeit zu verehren, die durch die Natur ihres Wesens ist und durch die Natur ihres Wesens wirket. Ist Ihnen die Theodicee zur Hand, Theophron?

Theophron. In mehr als Einer Sprache; aber ich will Ihnen eine kürzere Theodicee von einem unsrer beliebtesten Dichter geben. Lesen Sie diese Strophen:

Philolaus.

    Die Risse liegen aufgeschlagen,
    Die, als die Gottheit schuf, vor ihrem
            Auge lagen:
    Das Reich des Möglichen steigt aus gewohn-
            ter Nacht;
    Die Welt verändert sich mit immer neuer
            Pracht,
    Nach tausend lockenden Entwürfen,
    Die Eines Winks zu schnellem Seyn be-
            dürfen.

    Doch Dämmerung und kalte Schatten
    Gehn über Welten auf, die mich entzücket
            hatten;
    Der Schöpfer wählt sie nicht: er wählet
            unsre Welt
Der Ungeheuer Sitz —

Lassen Sie mich nicht weiter lesen; ich weiß, wo das Alles hinausgeht. Es ist die treue Theodicee des Leibnitz in schönen Versen; aber wie

wie mich dünkt, ohne philosophische Gottes-
würdige reine Wahrheit. Vor Gott lagen keine
Risse aufgeschlagen; er saß nicht wie ein grü-
belnder Künstler, der sich den Kopf zerbrach,
entwarf, verglich, verwarf, wählte. Kein
Reich des Möglichen ist ohne und außer Gott
da: denn wenn Ers nicht schaffen wollte, nicht
schaffen konnte: so war es nicht möglich. Keine Welt, geschweige tausend Welten nach los-
senden Entwürfen, die nur eines Winks zu
ihrem Daseyn bedurft hätten und die Gott doch
nicht wählte, konnten je ein Gedanke Gottes
werden. Er spielte nicht mit Welten, wie Kinder mit Seifenblasen spielen, bis ihm Eine ge-
fiel und er sie vorzog. Waren tausend andre
außer dieser möglich: so konnte ein größerer
Gott sie erschaffen und der schwächere, mühsam-
überlegende war kein Gott.

    Theophron. Lesen Sie weiter.

    Philolaus.

      Eh' ihn die Morgensterne lobten

und auf sein schaffend Wort des Chaos Tie-
 fen todten
erkor der Weiseste den ausgeführten Plan.

Die schönen Verse sagen nur daſſelbe. Der Wei-
ſeſte erkor nicht: denn es bedurfte keiner Wahl,
wo es keiner vorgängigen, zweifelnden Ueberlegung bedurfte. Alle dieſe Gedankenreihen,
dieſe Pläne, dieſe wechſelnden Entwürfe ſind
mit der vollkommenſten Natur des ewigen unveränderlichen Geiſtes unvereinbar. Sie gehören zu jener tauben und ſtummen Ewigkeit, die
der müßige Gott

— — — einſt einſam durchgedacht,
bis dann er und nicht eh die ganze Welt
 gemacht,

über welche wir ſchon Eins ſind. Mich wundert, wie der große, ſtrenge Denker **Leibnitz**
dergleichen **Anthropopathieen** Raum geben
konnte.

Theo=

Theophron. Darüber wundern Sie sich nicht. Er gab ihnen in einem popularen Buch, seiner Theodicee, Raum und Sie wissen, wozu die populare Vorstellungsart oft verleitet. Die vielen und scheinbaren Einwürfe Bayle's zwangen ihn seine Gegengründe auch glänzend zu machen und sie auf alle Seiten zu wenden; daher denn die Anthropopathieen, ja oft beinah ein fortgesetzter Anthropomorphismus, den ich für mich zwar aus diesem schönen Buch hinwegwünschte; der aber doch für Leibnitzens Zeiten vielleicht nöthig war. Schade nur, daß seine Nachfolger nicht immer unterschieden, was bei ihm blos Einkleidung, popularer Ausdruck seyn sollte und was strenge zu seinem System gehöret. So hat man z. B. den Spinoza lange durch Unterscheidung der Welt „außer Gott und in Gott„ widerlegen wollen. „In Gott sei die Welt ewig als Idee,„ d. i. als Seifenblase gewesen, mit welcher er in der Einbildung spielte; er ergötzte sich an ihr und brütete große,

große Ewigkeiten hindurch das ungebohrne Ei aus. Jetzt kam die Zeit (denken Sie sich in der Ewigkeit des müßigen Gottes die lange, lange Zeit) und nun beschloß er zu schaffen. Plötzlich trat die Welt aus Gott heraus, sie, die solange in ihm gewesen war und jetzt ist sie immer außer demselben; Er gleichfalls außer der Welt; er hat im großen Nichts der uralten, müßigen Ewigkeit sein Räumchen, wo er sich selbst betrachtet und ewig nachsinnt. Ich gestehe es, Epikurs Götter sind mir leidlicher, als dies müßige, melancholische Wesen, durch welches man frisch und frei den Spinoza zu widerlegen glaubte. Leibnitz ist an diesem Unsinn nicht Schuld, als sofern er als ein dichterischer Kopf auch bei strengen Wahrheiten die Einkleidung, d. i. Bilder, Gleichnisse, Allegorieen, Anthropopathieen u. s. nie verschmähte.

Philolaus. Desto schlimmer für seine Nachfolger: denn Ein Theil dieses Wortkrams ist

ist jetzt bei vielen als strenge Philosophie geheiligt.

Theophron. Bei Vielen, aber gewiß nicht bei Allen. Der mittelmäßige Kopf bleibt mittelmäßig, er möge dem Leibnitz oder dem Spinoza folgen; der beſſere denkt überall ſelbſt und nutzt von jedem ſeiner Vorgänger das Beſte. So machte es Leibnitz mit Des-Cartes, den Alten und ſelbſt mit Spinoza: er hatte auch ihn geleſen und genutzt.

Philolaus. Gegen die Nothwendigkeit des Spinoza aber hat er ſich doch ſtark erkläret.

Theophron. In einer popularen Theodicee mußte ers thun, weil es hier nicht ſein Zweck war, den Spinoza ſanft zurechtzurücken, wie ers in einer andern vortreflichen Schrift mit Locke gethan hat, *a)* ſondern ſein eigenes Syſtem von Spinoza's ſcharf zu unterſcheiden.

H 4   Phi-

---

a) Oeuvr. Philoſophiques de Leibnitz publ. p. Raſpe. Amſt. 1765. beinahe die lehrreichſte unter

Philolaus. Und dies eigne System war —

Theophron. Das System der moralischen Nothwendigkeit in Gott, nach welchem er das Beste aus Convenienz wählte.

Philolaus. Und wie ist die moralische Nothwendigkeit von unsrer Nothwendigkeit, die ich die wesentliche, innere, göttliche Nothwendigkeit nennen will, unterschieden? Gott muß das Beste, nicht durch eine schwache Willkühr, sondern seiner Natur nach, ohne langsame Vergleichung mit dem Schlechtern, das ohne ihn ein Nichts ist, vollständig einsehen und wirken. Auch im System des Spinoza ist von einer physischen Nothwendigkeit, sofern diese einen blinden äußern Zwang bedeutet, gar nicht die Rede; gegen sie streitet Spinoza aus vollen Kräften.

ter Leibnitzens Schriften, von dem übrigens jede Zeile lehrreich ist.

ten. Sittengesetze von außen aber lernet Gott nicht —

Theophron. An die dachte auch Leibnitz nicht, da er das Wort „moralische Nothwendigkeit„ wählte; er setzte sie blos der physischen d. i. der blinden Macht oder dem äußern Zwange entgegen und stieß sich in Ansehung der Ersten an die harten Ausdrücke des Spinoza. Die Leibnitzen also den blinden Fatalismus zuschreiben, thun ihm, wie mich dünkt, Unrecht: er hat sich gegen Clarke darüber bündig erkläret und selbst seine moralische Nothwendigkeit in Gott hat er ja, so viel er konnte, durch Anthropathieen eines Entwurfs, einer Wahl, der Convenienz u. s. gemildert.

Philolaus. Mich dünkt, lieber Theophron, die Strafe dieser Milderung ist dem Fehler selbst auf dem Fuße nachgefolgt. Schon Leibnitz mußte sich bei seiner göttlichen Wahl, nach welcher er das Beste nach Convenienz wählet, llet, gar oft auf göttliche Abſichten beziehen, die nur Gott wüßte, die wir aber als gut annehmen, eben weil ſie Gott wählte, ſonſt würde er ſie nicht gewählt haben u. ſ.

   Theophron. Das hat er freilich.

   Philolaus. Und welcher Sterbliche wirds nicht thun müſſen? ſobald er von der innern Nothwendigkeit, die durch ſich ſelbſt Güte iſt, den Blick wegwendet und einzelne, äußere Abſichten Gottes nach Convenienz errathen will. Unvermuthet ſinkt er in ein Meer erdichteter Endzwecke, die er bewundert oder vermuthet, bei welchen er aber den Grund der ganzen Erſcheinung, die innere Natur der Sache ſelbſt zu erforſchen gar leicht aufgiebt. Welche Menge Theodiceen, Teleologieen, Phyſiko-Theologieen ſind auf Leibnitzens ſchönes Buch gefolgt, die aus Convenienz dem höchſten Weſen oft nicht nur ſehr eingeſchränkte, kleine, ſchwache Abſichten unterſchoben, ſondern mei-

ſtens

stens auch darauf hinausgingen, alles zur Willkühr Gottes zu machen, die Kette der Natur zu zerreißen und ein paar Gegenstände in derselben so zu isoliren, daß eben an dieser und jener Stelle ein elektrischer Funke willkührlicher göttlicher Absicht fahre. Ich gestehe, das ist meine Philosophie nicht.

Theophron. Und welches ist die Ihre, Philolaus?

Philolaus. Sich um die innere Natur der Dinge zu bekümmern, wie sie dasind. Bedingt ist das Daseyn der Welt, daran zweifelt niemand: denn eine Wirkung ist nur durch ihre Ursache, nicht durch sich selber. Da aber die Welt einmal da ist, wie sie auch entstanden seyn möge und nicht etwa nur hie und da Spuren von Weisheit und Güte zeigt, wie man gemeiniglich redet; sondern in jedem Punkt, im Wesen jedes Dinges und seiner Eigenschaften, wenn ich so sagen darf, den ganzen Gott offenbaret,

baret, wie er nämlich in dieser Hülle, in diesem Punkt des Raumes und der Zeit sichtbar und energisch werden konnte; welche Kindheit wäre es, allein und immer zu fragen: warum und zu welchen geheimen Absichten er sich denn wohl also geoffenbaret haben möge? statt der nothwendigern und schönern Untersuchung: was es denn eigentlich sei, das sich und welcherge stalt es sich offenbare? d. i. welche Kräfte der Natur und nach welchen Gesetzen sie in diesem oder jenem Organ wirken?

Theophron. Fahren Sie fort, Philolaus.

Philolaus. Wir nennen die Welt, weil sie eine Wirkung und voll Wirkungen ist, zufällig; der Ausdruck ist unpassend und selbst der Sprache zuwider. Die Wirkung des höchsten Verstandes, der nach nothwendigen innern Gesetzen seines Wesens, mithin der vollkommensten Güte und Weisheit wirket, ist nicht

Zufall,

Zufall, so wenig der Verstand Gottes selbst zufällig-weise, zufällig-gut ist. Er schuf das Mögliche und einem unendlichen Verstande mit einer unendlichen Macht begleitet, ist alles Mögliche möglich. Dies alles nun ist, wie wirs nennen, durch Raum und Zeit d. i. durch Ordnung verbunden: jedes hervorgebrachte Ding ist durch die vollkommenste Individualität bestimmt und mit ihr umschränket: weder im Ganzen der Welt, noch in ihrem kleinsten Theile ist also Zufall. Außer dem, was der allmächtig-wirkende Geist möglich fand, ist jede Möglichkeit ein Traum, so wie es außer dem Raume keinen Raum, außer der Zeit keine Zeit giebt. Alle dies sind leere Phantome der Einbildungskraft, Worte, die ein Traum zusammensetzte, und in denen nur ein Traum Anschauungen wähnet.

Keinen Augenblick also ruhete der Schöpfer: denn in der Ewigkeit Gottes giebts keine Augenblicke und der wesentlich-Wirksame ruhete nie.

sie. Deßhalb aber ist die Welt nicht wie Gott ewig: denn sie ist nur eine Verbindung von Dingen der Zeit. Jeder Augenblick der Zeitenfolge also, ja die ganze Zeitenfolge selbst ist mit der absoluten Ewigkeit Gottes unvergleichbar. Alle Dinge der Zeitenfolge sind bedingt, sind abhängig von einander und von der Ursache, die sie hervorbrachte; keins derselben ist also mit dem Daseyn Gottes zu vergleichen. Was die Zeit für die Folge ist: ist der Raum für die Coexistenz. Gott ist durch keinen Raum ausmeßbar, weil er mit keinem Dinge als Seines Gleichen coexistirt; er ist aber die ewige, unendliche Wurzel aller Dinge, so erhaben über unsere Einbildungskraft, daß in ihm aller Raum und alle Zeit verschwindet. Wir endliche Wesen, mit Raum und Zeit umfangen, die wir uns alles nur unter ihrem Maas denken, wir können von der höchsten Ursache nur sagen: sie ist, sie wirket; aber mit diesem Worte sagen wir alles. Mit unendlicher Macht und Güte

wirkt

wirkt sie in jedem Punkt des Raums, in jedem Augenblick der forteilenden Zeit; Raum und Zeit aber sind nur uns ein dunkles oder helleres Bild vom Zusammenhange der Wesen nach jener festbestimmten ewigen Ordnung, welche die Eigenschaft und Wirkung der unendlichen Wirklichkeit selbst ist, mithin auf nichts geringerm als dieser untheilbaren ewigen Unendlichkeit ruhet. Kein edleres Geschäft also kennt unser Geist, als der Ordnung nachzusinnen, die der Ewige dachte. Jedes seiner Gesetze ist das Wesen der Dinge selbst, mithin ihnen nicht willkührlich angehängt; sondern Eins mit ihnen. Ihr Wesen ist auf sein Gesetz, sein Gesetz auf ihr Wesen und auf die Verbindung aller Wesen gegründet. Wie kindisch wäre es nun, wenn, indem ich die Schönheit des Cirkels und seiner mancherlei Verhältnisse bewundre, ich tiefsinnig den geheimen, besondern Absichten nachspüren wollte, warum Gott solch einen Cirkel schuf? warum er die genauen, schönen Verhältnisse in

ihm

ihm zur Natur des Raums und unsrer messenden Vernunft machte? Der Raum wäre kein Raum, wenn in ihm nicht unter allen möglichen Umrissen auch der Cirkel stattfinden sollte und unsre Vernunft wäre keine Vernunft, wenn sie die schönen Verhältnisse jeder Abtheilung in ihm nicht bemerken könnte.

Theophron. Ich will Ihnen mit andern Beispielen helfen, Philolaus. Wenn immerhin die Menschen bei der Bewunderung stehen geblieben wären,

— Daß Sterne sonder Zahl
Mit immer-gleichem Schritt und ewig-hellem Strahl
Durch ein verdeckt Gesetz vermischt und nicht verwirret,
In eignen Kreisen gehn und nie ihr Lauf verirret:

so wäre diese Bewunderung allerdings schon eine Art von Anbetung des Gottes gewesen, von dem es heißt:

— Sein

— Sein Will' ist ihre Kraft;
Er theilt Bewegung, Ruh und jede Eigenschaft
nach Maas und Absicht aus —

und man hätte sich dabei viele Absichten, falsche und wahre, würdige und unwürdige erdenken mögen. Der Naturweise aber, der von diesen Absichten vorerst hinwegsah und eben „das verdeckte Gesetz„ aufsuchte, durch welches die Sterne

— vermischt und nicht verwirret,
in eignen Kreisen gehn und nie ihr Lauf
verirret;

er that gewiß mehr, als der größte Absichtens Dichter unter den Menschen thun konnte. Er dachte dem Gedanken Gottes nach und fand ihn: nicht in einem Traum willkührlicher Convenienz, sondern im Wesen der Dinge selbst, deren Verhältnisse er maaß, wog und zählte. Jetzt erkennen wir das große Gesetz dieses Welt-
baues

baues und unsre Bewundrung ist vernünftig; da sie sonst ewig und immerhin ein zwar frommes, aber leeres Staunen gewesen wäre.

Philolaus. Setzen Sie noch dazu, ein sehr betrügliches Staunen: denn wenn wir a priori particulare Absichten Gottes in die Schöpfung bringen und in der ewigen Rathskammer wollen gehört haben, warum Saturn einen Ring, unsre Erde einen Mond, Mars und Venus aber keinen haben? auf welche Bahn trüglicher Hypothesen wagen wir uns, die meistens der künftige Tag widerleget! Ueber den Ring des Saturns, über den Mond der Erde, und der Venus war aus dem Register göttlicher Absichten so manches gesagt und geglaubt worden, das man beschämt zurücknehmen mußte, als man fand, Venus habe keinen Mond und mit der Beleuchtung der Saturns-Einwohner aus ihrem Demant-Ringe, wie mit unserm Monde selbst verhalte es sich ganz anders, als man dem ersten Scheine nach annahm. Allen dies diesen Trüglichkeiten, zu welchen man den Namen Gottes mißbrauchet, entgeht der bescheidne Naturforscher, der uns zwar nicht particulare Willensmeinungen aus der Kammer des göttlichen Raths verkündigt; aber dafür die Beschaffenheit der Dinge selbst untersucht und auf die ihnen wesentlich eingepflanzten Gesetze merket. Er sucht und findet, indem er die Absichten Gottes zu vergessen scheint, in jedem Gegenstande und Punkt der Schöpfung den ganzen Gott, d. i. in jedem Dinge eine ihm wesentliche Wahrheit, Harmonie und Schönheit, ohne welche es nicht wäre und seyn könnte, auf welche also seine Existenz mit innerer, zwar einer bedingten aber dennoch in ihrer Art eben so *wesentlichen Nothwendigkeit* gegründet ist, als auf welcher unbedingt das Daseyn Gottes ruhet. Eben die Abhängigkeit der Dinge von Gott macht ihre Wesen zu nothwendigen Ebenbildern seiner Güte und Schönheit, wie sich diese nur in solcher und keiner andern Erscheinung offenbaren konnte. Ich wünschte, daß Spinoza ein Jahrhundert später gebohren wäre, um von den Hypothesen des Des-Cartes fern, im freieren, reineren Licht der mathematischen Naturlehre und einer wahreren Naturgeschichte zu philosophiren; welche andre Gestalt würde selbst seine abstracte Philosophie gewonnen haben!

Theophron. Und ich wünschte, daß andre auf dem Wege tapfer fortgehen mögen, für welchen Spinoza in seiner Dämmerung die Bahn brach, nämlich: genaue, reine Naturgesetze zu entwickeln, ohne sich um particulare Absichten Gottes dabei zu bekümmern. Wer mir die Naturgesetze zeigen könnte, wie nach innrer Nothwendigkeit und Verbindung wirkender Kräfte in solchen und keinen andern Organen unsre Erscheinungen der sogenannt-todten und lebenden Schöpfung Salze, Pflanzen, Thiere und Menschen entstehn? hätte die schönste Bewundrung, Liebe und Verehrung Gottes weit mehr beför-
dert,

hert, als der mir aus der Kammer des göttlichen Raths predigt: daß wir die Füße zum Gehen, das Auge zum Sehen haben u. f.; an welchen geheimen Entdeckungen niemand je zweifelte.

Philolaus. Mich dünkt, es gehe jetzt auch mit den gewöhnlichen Physiko-Theologieen ziemlich zu Ende.

Theophron. Sie waren zu ihrer Zeit sehr nützlich und eigentlich nichts als kindlich-schöne populare Anwendungen einer neuen festern Naturlehre. Ihr Grund wird also immer bleiben: ja die Wahrheit in ihnen wird sich noch ungleich mehr verherrlichen, wenn man nicht mehr bei jedem einzelnen kleinen Umstande nach einzelnen kleinen Absichten hascht, sondern immer mehr einen Blick über das Ganze gewinnet, das bis auf seine kleinsten Verbindungen nur Ein System ist, in welchem sich nach unveränderlichen innern Regeln die weiseste Güte offenbaret. Ein Gebäude der Gottesverehrung, das sowohl metaphysisch über das Endlose des Raumes und der Zeit geht, als es physisch im Wesen der Dinge selbst unerschütterlich-vest ruhet! Jedes gefundene wahre Naturgesetz wäre damit eine gefundene Regel des ewigen göttlichen Verstandes, der nur Wahrheit sehen, nur Wirklichkeit wirken konnte.

Philolaus. Wie dauerts mich, daß die Philosophie des Spinoza, die dahin weiset, mit so manchen abschreckenden Härten verwebt ist! denn in dieser Gestalt wird sie doch immer nur für Wenige bleiben.

Theophron. Eben das ist gut: der große Haufe muß diese Philosophie nicht lesen; eine Sekte muß sie nie stiften.

Philolaus. Dafür hat ihr Urheber schon durch den Vortrag gesorget; indessen läugne ichs nicht, daß ich den schönen Wahrheiten, die er über Gott, die Welt, über das Wesen und

die

die Natur des Menschen, über seine Schwach‑
heit und Stärke, über den Zustand seiner Scla‑
verei und Freiheit saget, eine mehrere Ausbrei‑
tung und tiefere Einwirkung wünschte, als sie
in seinem Buch für die meisten haben können
und haben werden. So eingenommen ich ge‑
gen ihn war: so durchdrungen bin ich jetzt von
der innern Wahrheits‑Liebe dieses Mannes und
von der Vortreflichkeit seiner moralischen so‑
wohl, als seiner philosophischen Grundsätze. Ich
wünschte, daß ihn mehrere so kennen lernten.

Theophron. Zeit und Wahrheit werden
das schon bewirken. Lesen Sie dies Buch und
sehen, was Leßing über ihn gesagt hat. a)
Haben Sie nichts von dem Geräusch gehört,
das über dem Grabe dieses Gelehrten entstanden
ist: „er sei ein Spinozist gewesen?„

Philolaus. Ich habe es nicht hören
wollen, weil ich, wie Sie wissen, von Spi‑
noza

---
a) Ueber die Lehre des Spinoza, Breslau 1786.

noza so übel unterrichtet war und mir den Namen Leßings nicht gern durch einen Flecken verunstalten wollte. Jetzt werde ich mit desto grösserer Begierde lesen, was davon gesagt wird, ob ich mir gleich Leßing so wenig als einen Spinozisten denken kann, als wir beide es sind. Er war nicht geschaffen, ein . . . ist zu seyn, welche Buchstaben man auch dieser Endung vorsetzen möge und die Fehler der Cartesischen Reste in Spinoza's Vortrage wird sein gelehrter Scharfsinn gewiß erkannt haben.

Theophron. Urtheilen Sie nicht; sondern lesen Sie: dann wollen wir weiter reden.

Viertes Geſpräch.

Philolaus.

Hier haben Sie Ihr kleines Buch mit Dank wieder. Man hört Leßing reden, wenn er auch nur Sylben hervorbringt; über unſre Materie aber hätte ich ihn doch gern ausführlicher vernommen, ich kanns nicht läugnen.

Theophron. Ich gleichfalls; wie gefällt Ihnen indeß das Wenige, was er ſaget?

Philolaus. Es iſt zu wenig, um darüber zu urtheilen; und wiederum zu abgeriſſen, ja hie und da nach Leßings Manier vielleicht zu kräftig geſagt. Iſts Ihnen nicht entgegen: ſo will ich ſeine Worte herausheben und darüber ohne alle Anmaaßung meine Meinung ſagen.

Theophron. Thun Sies. Sie werden damit blos Commentator eines Autors, der ſich ſelbſt uns nicht mehr erläutern kann.

Philolaus. „Die orthodoxen Begriffe „von der Gottheit sind nicht mehr für mich; ich „kann sie nicht genießen." a) Ich, nachdem mir die Steine des Anstoßes aus Spinoza weggeräumt sind, auch nicht. Das müßige Wesen, das außerhalb der Welt sitzt und sich selbst beschauet, so wie es sich Ewigkeiten hindurch beschauete, ehe es mit dem Plan der Welt fertig ward, ist nicht für mich; für Sie, Theophron, auch nicht.

Theophron. Ich weiß aber nicht, Philolaus, warum Leßing das Phantom dieses langweiligen trägen Gottes orthodoxe Begriffe nennet? Es hat weder die Consistenz eines Begriffes, noch ist's je die Meinung orthodoxer d. i. solcher Philosophen gewesen, die deutlicher Begriffe fähig waren. Ein solcher Gott ist zwar Orthodoxie der Indier, deren Gott Jagrenat schon viele Jahrtausende her mit über den Bauch geschlungenen, hangenden Armen
sitzt

---

a) Ueber die Lehre des Spinoza S. 12.

sitzt und sich wohlbefindet. Ein andrer ihrer Götter liegt seit Aeonen im Schlummer: sein Haupt ruht im Schoos Eines seiner Weiber, die ihm den Kopf kratzt; seine Füße im Schoos einer andern, die ihm die Fußsolen streichelt. Unaufhörlich fließet der Zucker- und Milch-See in ihn; er genießet und ruht in träumender Selbstbeschauung. Aecht-orthodoxe Götter der Hindu's! ich sehe aber nicht, warum der Unsrige ein Jagrenat oder Wistnu seyn müßte?

Philolaus. Sie haben es indessen selbst bekannt, Theophron, daß Einige unsrer populären Philosophen zu Indischen Vorstellungen der Art Anlaß gegeben, oder wenigstens solchen nicht ernstlich gnug entgegengearbeitet haben. Ich lese in Leßing weiter:

„Εν και παν! Eins und Alles. Ich weiß nichts anders." a) — Ich auch nicht; nur wünschte ich aus der Seele Leßings zu vernehmen,

a) S. 12.

men, wie er sich die Verbindung dieser beiden größesten Worte, deren unsere Sprache fähig ist, erklärte. Auch die Welt ist ein Eins; auch die Gottheit ist ein All. Leßing fühlte selbst, daß er damit noch nichts Bestimmtes gesagt habe: er kam sich darüber näher zu erklären; aber auch diese seine nähere Erklärung reicht nicht so weit als ich wünschte. Ich sehe Leßings Hochachtung gegen die Philosophie des Spinoza; da aber Ihn wie uns **der Geist des Spinozismus,** „ich meyne den, sagt er, a) der in Spinoza selbst gefahren war,„ eigentlich allein intereßiret; da, wie er sagt, b) „sein Credo in keinem Buche steht,„ und er es nur unter Einer Bedingung, die sich eigentlich selbst aufhebt, c) an sich kommen läßt, sich nach Jemanden nennen zu wollen; so sind uns diese und andre Winke, ja die ganze Denkart Leßings gnugsame Bürgen, daß er gewiß keine rohe All-

Ein-

a) S. 14. b) S. 17. c) S. 12.

Einheit, dergleichen auch das System des Spinoza nicht ist, zu seinem System gemacht haben werde. Eben hier also fing meine Begierde an, zu wissen, wie Leßing „den Geist, der in Spinoza selbst gefahren war,,, zu sich gezaubert und zu dem Seinigen gemacht habe; und eben hier muß ich bekennen, war meine Begierde vergebens. Leßing hört von einer verständigen, persönlichen Ursache der Welt und freuet sich dabei nach seiner Art, daß er jetzt etwas ganz neues zu hören bekommen werde. a) Am Verstande Gottes konnte Leßings Verstand nie zweifeln; seine Neugierde war also auf die persönliche Ursache der Welt gerichtet und darüber konnte er natürlich nichts Neues erfahren. Der Ausdruck Person, selbst wenn ihn die Theologen gebrauchen, die ihn aber nicht einmal der Welt entgegen setzen, sondern nur als Unterschied im Wesen Gottes annehmen, ist, wie sie selbst sagen, blos anthropopathisch; philoso-

a) S. 17.

losophisch konnte also hierüber nichts ausgemacht werden.

Leßing spricht ferner über die Freiheit des Willens. „Ich begehre, sagt er, keinen freien Willen; ich bleibe ein ehrlicher Lutheraner und behalte den mehr viehischen als menschlichen Irrthum und Gotteslästerung, daß kein freier Will sei; worein der helle reine Kopf Spinoza's sich doch auch zu finden wußte.„ a) So scherzt er mit den Worten des Reichstagsschlusses zu Augsburg und indem er uns auf den hellen, reinen Kopf Spinoza's verweiset, erklärt er selbst, wie er den unfreien Willen des Menschen angenommen haben wolle. Mir ist kein Weltweiser bekannt, der die Knechtschaft des menschlichen Willens gründlicher aus einander gesetzt und die Freiheit desselben vortrefflicher bestimmt habe, als Spinoza. Dem Menschen ist kein geringeres Ziel der Freiheit vorgesetzt, als die Freiheit Gottes selbst, durch eine Art

inne-

a) S. 19.

innerer Nothwendigkeit d. i. durch vollständige Begriffe, die uns Erkänntniß und Liebe Gottes allein gewähren können, über unsre Leidenschaften, ja über das Schicksal selbst Herren zu werden. Gründlich beweiset es Spinoza, daß, wenn man Freiheit für tolle, blinde Willkühr nehme, der Mensch eben so wenig als Gott selbst den hohen edlen Namen der Freiheit verdiene; vielmehr gehöre es zur Vollkommenheit der Natur Gottes, daß er auf diese Art nicht frei sei, daß er eine blinde Willkühr nicht kenne, wie es denn auch zur Vollkommenheit seiner Werke gehört, daß eine solche tolle Willkühr aus der ganzen Schöpfung verbannt sei. Sie wäre, (um auch mit dem Reichstage zu Augsburg zu reden,) eine gotteslästerliche Lücke in der Schöpfung und für jedes Geschöpf, das sie besäße, ein zerstörendes Unheil. Glücklich also, daß sie ein Widerspruch in sich selbst, mithin ein klarer Unsinn ist. Sie sind doch eben der Meinung, Theophron?

Theo=

Theophron. Keiner andern; aber was sagt Leßing von den Gedanken Gottes? Mich dünkt, da habe ich etwas Neues gefunden.

Philolaus. Hier ist die Stelle. a) „Es gehört zu den menschlichen Vorurtheilen, daß wir den Gedanken als das Erste und Vornehmste betrachten und aus ihm alles herleiten wollen; da doch alles, mit sammt den Vorstellungen, von höheren Principien abhängt. Ausdehnung, Bewegung, Gedanke sind offenbar in einer höheren Kraft gegründet, die noch lange nicht damit erschöpft ist. Sie muß unendlich vortreflicher seyn, als diese oder jene Wirkung; und so kann es auch eine Art des Genusses für sie geben, der nicht allein alle Begriffe übersteigt, sondern auch völlig außer dem Begriffe liegt. Daß wir uns nichts davon denken können, hebt die Möglichkeit nicht auf." — Was denken Sie von dieser Stelle, Theophron?

Theo-

a) S. 19. 20.

Theophron. Ich wollte wissen, was Sie davon denken?

Philolaus. So muß ich bekennen, daß ich mir vergeblich Mühe gebe, etwas Bestimmtes daraus zu finden. Daß es zu den menschlichen Vorurtheilen gehöre, den Gedanken als das Erste und Vornehmste zu betrachten und aus ihm Alles herleiten zu wollen, gebe ich gern zu. Wir kennen nichts Höheres in seiner Art, als den Gedanken; Leßing selbst hat nichts Höheres namhaft machen können. Alles aus ihm herleiten zu können, ist bisher ein vergeblicher Versuch gewesen: denn wie Schwere, Bewegung und jede andre der tausend wirkenden Kräfte des Weltalls mit dem Gedanken zusammenhange, ist noch immer ein Räthsel. Daß der Gedanke auf viele andre ihm untergeordnete Kräfte wirke, wissen wir; ob wir gleich die Art der Wirkung nicht einsehn. In welcher höheren Kraft aber Gedanke, Bewegung und alle Kräfte der Natur, (unter welche, wie wir gesehen haben; die Ausdehnung gar nicht gehört), gegründet seyn; wer ist der uns dieses sage? Leßing selbst sagt nur, es könne eine solche Kraft geben; bekennt aber selbst, daß wir nicht im Stande seyn, etwas von ihr zu gedenken.

Theophron. Mich dünkt, da hat Leßing zu viel gesagt. Wie, wenn ich Ihnen zwar nicht eine höhere Kraft, aber den reellen Begriff nennte, in welchem alle diese Kräfte nicht nur gegründet sind; sondern den sie auch allesammt nicht erschöpfen? Er hat alle Eigenschaften, die Leßing von seiner unbekannten Kraft fodert, „er ist unendlich vortrefflicher, als jede einzelne Wirkung einer einzelnen Kraft und giebt wirklich eine Art des Genusses, der nicht nur alle Begriffe übersteigt, sondern auch (zwar nicht außer, aber) über und vor jedem Begriffe liegt," weil jeder Begriff ihn voraussetzt und auf ihm ruhet.

Philolaus. Und dieser Begriff ist —?

Theo=

Theophron. **Das Daseyn.** Sie sehen, Leßing ist bei Spinoza nur auf halbem Wege stehen geblieben; sonst hätte er sich diesen Begriff schon entwickelt, den unser Weltweise als den Grund und Inbegriff aller Kräfte gnugsam darstellt. Das Daseyn ist vortrefflicher als jede seiner Wirkungen: es giebt einen Genuß, der einzelne Begriffe nicht nur übersteigt, sondern mit ihnen auch gar nicht auszumessen ist: denn die Vorstellungskraft ist nur *Eine* seiner Kräfte, der viele andre Kräfte gehorchen. So ists bei Menschen: bei allen eingeschränkten Wesen muß es derselbe Fall seyn; und bei Gott?

Philolaus. In Gottes Daseyn trifts auf die eminenteste Weise zu, was Leßing von dieser höhern Kraft, die über alles Denken gehen soll, ahnet. Seine Existenz ist der Urgrund aller Wirklichkeit, der Inbegriff aller Kräfte, ein Genuß, der über alle Begriffe geht —

Theophron. Der aber auch außer allem Begriff liegt? Sie sehen abermals, daß Leßing den Knäuel Spinozistischer Ideen sich nicht ganz entwirrt habe. Die höchste Kraft muß sich selbst kennen; sonst ist sie eine blinde Macht, die von der denkenden gewiß überwunden würde, mithin nicht Gottheit wäre.

Philolaus. „Er, Spinoza, war aber fern, unsre elende Art nach Absichten zu handeln, für die höchste Methode auszugeben und den Gedanken oben an zu setzen." a)

Theophron. Nach dem Daseyn als dem Grunde aller Kräfte steht der Gedanke auch bei Ihm oben an; nur ist er weit entfernt, dem Unendlichen eingeschränkte Vorstellungsarten, Känntnisse a posteriori, fehlbare Berathschlagungen, willkührliche Absichten zu leihen; welches eben die Vortrefflichkeit seines Systems ausmacht.

Phi=

a) S. 20.

Philolaus. Leßing fragt ferner: *a)* „nach was für Vorstellungen sein Freund eine persönliche, extramundane Gottheit annehme? ob er wa nach den Vorstellungen des Leibnitz?„ und fürchtete, dieser sei im Herzen selbst ein Spinozist gewesen. *b)*

Theophron. Was Leibnitz im Herzen gewesen sei, weiß ich nicht; seine Theodicee aber zeigt, daß er dies vor der Welt nicht seyn wollte. Vielmehr neigte er sich lieber zu Anthropopathieen einer göttlichen Wahl nach Ueberlegung, einer Auswahl des Besseren unter vielem Schlechtern nach Convenienzen; alles nur um der Spinozischen Nothwendigkeit zu ent-

---

a) S. 21.

b) Wenn diese Furcht Leßings von dem argwohnenden Geschwätz über einen Brief des Leibnitz an Pfaff, seine Theodicee betreffend, herrühren sollte: so lese man darüber Dutens Vorrede zum ersten Theil der Leibnitzischen Werke und man wird gewiß Bülfingers Urtheil beitreten, daß Leibnitz dem Pfaff nach Pfaffs Weise geantwortet habe.

entkommen, gegen welche er den behutsamern Ausdruck einer *moralischen Nothwendigkeit* wählte.

Philolaus. Ich wundere mich, wie sich der scharfsinnige Mann an der Auskunft begnügen konnte.

Theophron. Es war eine feine Auskunft, Philolaus. Sie war die Mitte zwischen Bayle's Zweifeln und Spinoza's hartem System, wo Leibnitz sich durchzuwinden glaubte. Er hats allerdings mit vieler Kunst gethan; aber Bayle und Spinoza lebten nicht mehr und keiner von beiden würde sich für völlig überwunden geachtet haben.

Philolaus. „Leibnitzens Begriffe von der Wahrheit, sagt Leßing ferner, *a)* waren so beschaffen, daß er nicht vertragen konnte, wenn man ihr zu enge Schranken setzte. Aus dieser Denkungsart sind viele seiner Behauptun-

a) S. 22.

gungen geflossen und es ist bei dem größesten
Scharfsinn oft sehr schwer, seine eigentliche
Meinung zu entdecken. Eben darum halt' ich
ihn so werth: ich meyne wegen dieser großen
Art zu denken und nicht wegen dieser oder
jener Meinung, die er nur zu haben schien,
oder denn auch wirklich hatte.„

Theophron. Trefflich! trefflich! Nur
ein kleiner Kopf ists, der sein Dutzend schöny
bemalter Wortschächtelchen als Kram nicht nur,
sondern als Monopolium mit sich trägt und es
gar nicht begreifen kann, daß andre Krämer
andre Schächtelchen tragen. Dem wahren Phi=
losophen ist an den Behältnissen überhaupt we=
nig gelegen; er siehet, was drinn sei und was
für ihn diene. Meynen Sie dies nicht auch,
Philolaus? Könnten Sie sich wohl mit Je=
mand über seinen metaphysischen Lehrbegriff
entzweien und mit ihm zanken?

Philolaus. Ich nicht. Spinoza hat
mich gelehrt, daß je vollständiger unsre Begriffe

K 4   sind,

sind, desto mehr schweigen unsre Affekten, desto williger vereinigen sich in der deutlich-erkannten Wahrheit alle menschlichen Gemüther: denn es giebt nur Eine Vernunft, nur Eine Wahrheit. Bei Leibnitz indeß kann ichs nicht bergen, daß er mir oft zu biegsam, zu Hypothesenreich scheine. Es ist seine Art, sich gern allem anzuschmiegen, damit er alles nutze und für sich gebrauche.

Theophron. Das sagen Sie nicht, m. Fr. Er wußte wohl, was er dachte und hielt sich sogar an manche seiner Einkleidungen und Hypothesen fester, als er's nöthig gehabt hätte. Unvermuthet rückt er mit ihnen heraus und bleibt, wie im Briefwechsel mit Clarke, Hartsoeker u. f. standhaft bei ihnen; oder er legt des Gegners Meinung nach der Seinigen zurecht und ist artig.

Philolaus. Wer weiß also auch, welchem Kabbalisten er sich eben damals bequemen

woll-

wollte, als er, wie Leßing anführt, von Gott
sagte: „derselbe befinde sich in einer immerwäh,
renden Expansion und Contraction; dies sei die
Schöpfung und das Bestehen der Welt.,, Mich
wundert, daß Leßing an der ungeheuren Ver,
körperung Geschmack fand.

Theophron. In Leibnitz ist mir diese
Stelle noch fremd. Daß aber Leßing sich an
ihr ergötzte; woran, m. Fr., ergötzt man sich
nicht manchmal im Gespräch? Am Grotesken
zuerst und am meisten. Es sollte mir leid thun,
wenn Leßing diese Vorstellungsart für das Sy,
stem des Spinoza gehalten hätte; wenigstens
wäre es abermals ein Zeichen, daß er über jene
Verwirrung der Begriffe, daß Ausdehnung Ei,
ne der Eigenschaften Gottes sei u. f. noch nicht
hinweg, also auch mit der Philosophie des
Spinoza nicht ganz im Hellen gewesen wäre.
Wer die Schöpfung und das Bestehen der Din,
ge durch eine immerwährende Expansion und
Contraction Gottes erklären kann; von dem

möchte

möchte ich mir diese Erklärungsart auch, wie Leßing sagt, a) „natürlich ausgebeten haben."
Jetzt sehe ich nichts in ihr, als eine grobe Versinnlichung Gottes nach Art der Kabbalisten, mit der ich nichts zu thun weiß.

Philolaus. Und Spinoza zog doch sein eigenes System grossentheils aus der Kabbala der Juden.

Theophron. Um der Kabbala willen! m. Fr. Laßen Sie uns dies jetzt noch bei Seite setzen und das Leßingsche Gespräch endigen.

Philolaus. Es ist zu Ende. Wir haben also von Leßing diesmal wenig gelernet.

Theophron. Und doch ist mirs nicht unlieb, daß dies Gespräch von seinem Freunde auf eine so unbefangene Art aufgeschrieben und bekannt gemacht ist. Dem Verstorbnen kann es nicht schaden, wofür ihn der schwache Sektenmacher halte und uns ists angenehm zu sehen,

daß

---

a) S. 34.

daß einem so ausgezeichneten Denker, wie Lessing war, auch Spinoza nicht unbemerkt geblieben sei; ja was Er aus ihm hätte machen können, wenn er ihn näher zu prüfen und zu erforschen Zeit und Muße gehabt hätte. Im Buch seines Freundes werden Sie gewiß auch viel Wahres und Schönes, männlich=schön gesagt, gefunden haben.

Philolaus. Gewiß; nur muß ich eben so aufrichtig bekennen, Theophron, daß ich mit seiner „persönlichen, supra= und extramundanen Gottheit,„ so wenig fortkomme, als Lessing. Gott ist nicht Welt und Welt ist nicht Gott: das bleibt gewiß; aber mit dem extra und supra ist, dünkt mich, auch noch nicht viel ausgerichtet. Wenn man von Gott redet, muß man sich alle Idole des Raums und der Zeit vergessen oder unsre beste Mühe ist vergeblich.

Zweitens kann ichs eben so wenig bergen, daß Jacobi mit dem Begriff nicht übereinstimmt,

stimmt, den ich jetzt von Spinoza's System habe und in welchem Wir beide uns doch Punkt für Punkt verstanden. Auch Mendelssohns Morgenstunden nahm ich zur Hand und sah, daß wir über das historische Factum, was Spinoza's System sey? ziemlich Eins waren. Also, sehen Sie leicht, kann ich in die Conclusionen nicht einstimmen: *a*) „Spinozismus ist Atheismus. Die Leibnitz-Wolfische Philosophie ist nicht minder fatalistisch als die Spinozistische. Jeder Weg der Demonstration gehet in den Fatalismus aus„ u. f. Denn nach meiner Ueberzeugung ist Spinozismus, wie ihn sich Spinoza dachte, kein Atheismus; auch ist in den harten Ausdrücken des Spinoza die Leibnitz-Wolfische Nothwendigkeit mit der Spinozischen nicht einerlei; und dann muß man sich von dem Wort Fatalismus, dünkt mich, so wenig schrecken lassen als von irgend einem Worte. Es giebt ein blindes

a) S. 170. 172.

des und sehendes, ein heidnisches, mahomedanisches und christliches Schicksal. *a)* Das letzte liegt im unabänderlichen Begriff der höchsten Macht, Weisheit und Güte; es kann also auch nicht anders als das Ziel jeder wahren Demonstration werden: denn Willkührlichkeiten lassen sich nie erweisen.

Theophron. Was sagen Sie aber zu seinem „Element aller menschlichen Erkenntniß und Wirksamkeit, dem Glauben?" *b)*

Philolaus. Ich wünschte, daß er sich darüber deutlicher erklärt hätte; jetzt fürchte ich, daß man ihn auf eine arge Art mißverstehen werde. Sein Principium der menschlichen Erkenntniß und Wirksamkeit ist offenbar Theils die innere Regel des Denkens oder wenn Sie wollen, der innere Sinn; Theils alle äußere

---

a) Ueber alle dieses hat sich Leibnitz gegen Clarke vertheidigt.

b) S. 172.

ßere Sinne recht gebraucht, d. i. die Regel der Erfahrung. Nun ists freilich Glaube, wenn man seinen Sinnen oder der Vernunft traut; allein der Ausdruck ist bey den Deutschen Philosophen ziemlich ungewöhnlich. Glaube aber auf des andern Zeugniß, gar auf das Zeugniß der Tradition, vielleicht einer anonymen Sage ist ein ganz andres Ding, dessen Werth also auch nach andern Regeln geschätzt werden muß; Regeln, bei denen ich die Vernunft nicht aus dem Spiel lassen möchte.

Theophron. Alles gut, Philolaus; aber es thut mir leid, daß Sie sich bei unserm Autor, nach Hallers Ausdruck, am Kleide des Sinnes, den Worten vestgehalten oder gestossen haben: denn die Wahrheit, die er mit diesen Ausdrücken festsetzen will, dünkt mich doch immer, unpartheiisch erwogen, sehr annehmenswerth. Sie werden gefunden haben, daß er auch im Gespräch mit Leßing darauf hinausgeht, „das Vernünfteln sei nicht das ganze Wesen,

sen, nicht der ganze Bestand des Menschen. Substanz, Daseyn liege allen, auch den edelsten Kräften unsrer Natur zum Grunde; diese könne nicht in Vernünftelei aufgelöset oder gar durch sie hinwegraisonnirt werden. Ohne Existenz und eine Reihe von Existenzen dächte der Mensch nicht, wie er denket; folglich müßte es auch der Zweck seiner Gedanken seyn, nicht, sich Hirngespinste zu erträumen und mit Scheinbegriffen und Scheinworten, wie mit einer selbstgemachten Wirklichkeit zu spielen; sondern wie ers nennt, Daseyn zu enthüllen, solches als etwas Gegebnes oder (nach seinem Ausdruck) als eine Offenbarung Gottes anzunehmen, über welche und hinter welche man nicht hinauskann. Man müsse also seine Sinne durch Erfahrung, seinen innern Sinn durch Wahrheitliebe, Ordnung und Zusammenhang im Denken reinigen und schärfen, allen willkührlichen Verbindungen Existenzloser Scheinbegriffe, d. i. dem trägen, todten Nichts entsagen

sagen und dafür was da ist, in den Eigenschaften und Beziehungen wie es da ist, kennen lernen. Ein solches Erkenntniß mit innigem Gefühl der Wahrheit verbunden, sei allein wahr: dies allein helle den Geist auf, bilde das Herz, bringe Ordnung und Regelmäßigkeit in alle Verrichtungen unsres Lebens; da hingegen jene metaphysische Grübelei, ohne ein Daseyn von außen und Regeln der Wahrheit von innen vorauszusetzen, den Kopf öde und das Herz leer macht. Ist dies Principium des Denkens nicht auch Ihnen völlig überzeugend?

Philolaus. Kein Philosoph wird je daran gezweifelt haben.

Theophron. In der Theorie nicht; vielleicht aber in der Ausübung desto Mehrere. Nur thäte man, dünkt mich, dem offenherzigen biedern Verfasser Unrecht, wenn man diese Regeln als ein der Mendelssohnschen Philosophie entgegengesetztes Principium ansehen wollte.

Mendelssohn war ein so klarer, heitrer Philosoph, deßgleichen ich der Philosophie unsres Vaterlandes noch viele wünsche. Wie Leibniz, Wolf, Shaftesburi, Leßing, Kästner, ja wie jeder Weltweise, der diesen Namen verdient, liebte er bestimmte Begriffe, die er von den Anschauungen des Nichts, von leeren Phantomen einer müßig-speculirenden Einbildungskraft sorgfältig zu unterscheiden suchte. Jene menschliche Erkenntniß ohne und vor aller Erfahrung, jene sinnliche Anschauungen ohne und vor aller sinnlichen Empfindung eines Gegenstandes, nach eingepflanzten Formen der Denkkraft, die ihr von Niemanden eingepflanzt worden, waren ihm Undinge, wie sie es auch jedem vernünftigen Denker seyn müssen. In diesem Principium sind also Mendelssohn, Jacobi, ja ich möchte sagen, jeder der nur seine eigne Existenz wahrnimmt, einig. Ich wenigstens, m. Fr., fühle mich von jeder Philosophie, die mit dergleichen symbolischen Wor-

L ten

ten ohne Begriffe und ohne Sachen spielet, je desmal so entkräftet, daß ich nicht bald genug zur Natur, zur Exsistenz zurückkehren kann, um nur wieder inne zu werden, daß ich lebe. Auch wir, lieber Philolaus, haben in unserm Gespräch den Namen Gottes oft als ein bloßes Symbol brauchen müssen; wie wäre es, wenn wir es jetzt unterbrächen? Sie spielten mir nach Ihrer Gefühlvollen Art ein sanftes Lied oder einen Hymnus vor, an welchem sich unsre Seele wieder erquickte.

Philolaus. Mich verlangt ein Gleiches:

Lobt den gewaltigen, den gnädgen Herrn
    Ihr Welten seines Alls!
Ihr Sonnenheere, flammt zu seinem Ruhm,
    Ihr Erden singt sein Lob.

Der Wiederhall lob' ihn und die Natur
    sing' ihm ein froh Concert!
Und Du, der Erden Herr, o Mensch zerfließ'
    in Harmonieen ganz.

Dich

Dich hat er mehr als alles sonst beglückt:
 Er gab dir einen Geist,
der durch den Bau des Ganzen dringt und forscht
 die Räder der Natur.

Erheb' ihn hoch zu Deiner Seligkeit;
 Er braucht kein Lob zum Glück.
Die niedern Neigungen und Laster fliehn,
 wenn du zu Ihm dich schwingst.

Die Sonne steige nie aus rother Fluth
 und sinke nie darein,
daß du nicht deine Stimm' vereinigest
 der Stimme der Natur.

Lob ihn im Regen und in dürrer Zeit,
 im Sonnenschein und Sturm.
Wenns schneyt, wenn Frost aus Wasser Brü-
 cken baut
 und wenn die Erde grünt.

In Ueberschwemmungen, in Krieg und Pest
 trau ihm und sing' ihm Lob.

Er

Er sorgt für dich: denn er erschuf zum Glück
    das menschliche Geschlecht.

Und o wie liebreich sorgt er auch für mich!
    An Ruhms und Goldes statt
gab er mir Kraft, die Wahrheit einzusehn
    und Freund' und Saitenspiel.

Erhalte mir, o Herr, was Du mir gabst;
    Mehr brauch' ich nicht zum Glück.
Mit heilgem Schaur will ich, ohnmächtig
    sonst,
    Dich preisen ewiglich.

In finstern Wäldern will ich mich allein
    mit Dir beschäftgen
und seufzen laut und nach dem Himmel sehn,
    der durch die Zweige blickt.

Und irren ans Gestad des Meers und Dich
    in jeder Woge sehn,
Und hören Dich im Sturm, bewundern in
    der Au Tapeten Dich.

                              Ich

Ich will entzückt auf Felsen klimmen, durch
 zerrißne Wolken sehn
und suchen Dich den Tag, bis mich die Nacht
 in heilge Träume wiegt. –

———

Theophron. Ich danke Ihnen, Philolaus, daß Sie mich durch die Harmonie Ihrer Töne mit Kleists Gedanken innig erquickt haben. Ich möchte von der Musik sagen, was Vanini von seinem Strohhalm sagte: „wäre ich so unglücklich am Daseyn Gottes zu zweifeln und hätte die Musik: so würde sie allein mir Demonstration seyn."

Philolaus. Da sind Sie von einer sehr alten Denkart, Theophron: denn neuerlich hat man es sich ganz klar gemacht, daß es gar keine Demonstration von Gott weder geben könne, noch gebe.

Theophron. Und ich wollte behaupten, daß es ohne den Begriff Gottes keine Vernunft, vielweniger eine Demonstration gebe. Denn ohne noch irgend den Ursprung der Kräfte in Betracht zu ziehen, die denken, handeln, wirken und die der transscendente, d. i. der über sich selbst steigende Philosoph in ihrer ungeheuren Anzahl doch nie aus unsrer Welt wegläugnen kann: so ist schon die Art, wie alle diese Kräfte ihrem Wesen nach wirken, mir Beweises gnug von Gott d. i. von einem wesentlichen Grunde innerer Wahrheit, Uebereinstimmung, Güte und Vollkommenheit, die ihr Daseyn selbst einschließt. Daß es z. B. eine Wahrheit d. i. etwas Denkbares giebt, daß dieses Denkbare nach innern Regeln verknüpft werden kann und bei unzählbaren Verknüpfungen dieser Art sich Harmonie und Ordnung zeiget; schon das ist mir die innigste Demonstration von Gott und wenn ich ein unglückseliger Egoist oder Idealist wäre, der sich das einzige denkende Wesen in der Welt zu seyn einbildet. Zwischen jedem Subject und

Prä=

Prädikat stehet ein Ist oder Ist nicht und dies Ist, diese Formel der Gleichung und Uebereinstimmung verschiedner Begriffe, das bloße Zeichen = ist meine Demonstration von Gott. Denn nochmals gesagt, es giebt eine Vernunft, eine Verknüpfung des Denkbaren in der Welt nach unwandelbaren Regeln, folglich muß es einen wesentlichen Grund dieser Verknüpfung geben; gesetzt, daß auch nur ein Einziges denkendes Wesen wäre. Die Regel dieser Verknüpfung hat Niemand willkührlich ersonnen, so wenig sie irgend ein mit Raum und Zeit befangenes, denkendes Wesen willkührlich übet; sie ist der nothwendige Grund seiner, wie aller Gedanken und in der Geisterwelt eben das, was die Regel des Gleichgewichts unter den Körpern ist: sie trägt ihre innere Nothwendigkeit mit sich. Es giebt also eine solche innere Nothwendigkeit, d. i. eine selbstständige Wahrheit.

Philolaus. Wo aber wohnt diese selbstständige Wahrheit?

Theophron. In Gott und abgeleiteter Weise in Allem, dem er die Wirklichkeit gab; sie möge darinn objectiv oder subjectiv wohnen. Unsre Känntniſſe sind aus Sinnen und aus der Erfahrung geschöpft: wir müſſen also zuerst nur wahrnehmen, mehrere Aehnlichkeiten zusammenhalten, allgemeinere Begriffe aus individuellen Verschiedenheiten absondern und läutern; dies alles ist ein Weg, der Irrthümer im Wahrnehmen, im Absondern, im Verbinden und Trennen der Begriffe nicht nur möglich, sondern beinah unvermeidlich macht: ein nothwendiges Loos der Menschheit. Die Regel aber, nach welcher wir wahrnehmen, absondern, schließen und verbinden ist eine göttliche Regel: auch selbst im Irrthum haben wir nach ihr gehandelt und mußten nach ihr handeln, selbst wenn alle Gegenstände des Denkens Wahn wären.

Betrachten Sie die Wahrheiten der Geometrie.
Für unsre Sinne giebt es vielleicht keinen vollkommenen Cirkel in der Natur; wenn es aber auch keinen gäbe: so ist mir der erdichtete, mathematische Cirkel, mit allem was in ihm nach innerer Nothwendigkeit gesetzt, abstrahirt und bewiesen wird, die vollkommenste Demonstration einer selbstständigen göttlichen Wahrheit. Er beweiset mir nämlich, daß es eine **mathematische Vernunft** in der Welt gebe und da uns unsre Sinne nur hindern, sie allenthalben in der Natur zu erkennen und anzuwenden: so sagt uns doch ihrem Wesen nach eben diese Vernunft, daß wenn es denkende Wesen giebt, die mit feineren Sinnen die Welt anschauen, sie nach eben diesen einzigen nothwendigen Regeln denken, also auch das Wesen, das die Ursache meiner und jeder **Vernunft** ist, dieselbe innere Gesetze der Gedanken auf die eminenteste Weise kennen müsse, die es seinen Wirkungen zu Grundgesetzen des Daseyns

nicht anders als machen konnte. Bin ich Ihnen verständlich, Philolaus?

Philolaus. Sehr wohl; nur ist Ihr Beweis blos hypothetisch: „wenn es eine Vernunft giebt: so muß es auch einen Grund derselben geben und zwar einen durch sich selbst nothwendigen Grund, weil die Gesetze der Vernunft durch sich selbst nothwendig sind." Ich merke wohl, daß jetzt zu subsumiren sei: „nun giebt es aber eine Vernunft; also." Wie aber? wenn es keine gäbe?

Theophron. So gäbe es keine und ein Philosoph, der seine Vernunft aufgiebt oder läugnet, kann freilich keine Demonstration von Gott haben. W. Z. E. So bald er sie aber anerkennet und sich deutlich macht, was Vernunft sei: so bald ist ihm die Demonstration Gottes d. i. eine wesentliche Nothwendigkeit in Verknüpfung der Wahrheiten im Begriff der Vernunft selbst gegeben. Ich ge-

getraue mich, m. Fr., zu sagen, daß dies die einzige wesentliche Demonstration von Gott sei (mehrere wesentliche kann es auch nicht geben) die bei allen Beweisen wiederkommt; die aber nirgend so scharf und rein erscheint, als bei den Gesetzen unsres Verstandes.

Alle Beweise z. B. aus der Natur, wo wir nothwendige Gesetze der Bewegung und Ruhe, des Bestandes der Dinge nach einem Verhältniß ihrer innern Kräfte u. f. wahrnehmen, setzen dieselbe Regel zum Grunde, die wir am reinsten bei unsrer Vernunft bemerken, nämlich: „daß jedes Ding ist, was es ist, daß sein Wesen auf Kräften, sein Bestand auf einem Ebenmaas dieser Kräfte, seine Wirkung auf Verhältnissen derselben zu andern Dingen beruhe; und zwar dies alles nicht aus willkührlichen Absichten, die wir ganz beiseit setzen, sondern aus *innern Gesetzen der Nothwendigkeit,* aus welchen Bestand und Zerstörung, Zusammensetzung und Auflösung, Bewegung, Ruhe und

und Wirkung folgen.„ Jede wahre Physiko-Theologie entwickelt also nichts als **göttliche Vernunft und Kraft** nach ewigen nothwendigen Gesetzen, im Bau der Geschöpfe und in ihrer ganzen Verbindung nach Ort und Zeit. Sie enthält überall Einen und denselben Schluß oder vielmehr Eine und dieselbe Anschauung, in tausend Beispielen und Gegenständen vom verschwindenden Kleinsten, bis aufs unübersehbare Größte. Die Musik z. B. mit der Sie mich ergötzt haben, ist eine Formel **nothwendiger, ewiger Harmonie**, auch wenn mein Ohr nicht dawäre, auch wenn ich, abstrahirend von aller Wohllust derselben, blos mit meinem Verstande berechnete und mäße. Daß nun mein Ohr, daß meine Empfindung für die Musik geschaffen ist, daß sie auf so viele mir gleichgestimmte Wesen Einerlei Wirkung thut; das alles macht zwar den Beweis der in ihr wohnenden Harmonie und Schönheit lebhafter; es setzt aber seinem demonstrativen Werth nichts zu.

zu. Denn wenn auch kein Ohr in der Welt und das Wesen der Musik blos von Einem rechnenden Verstande gedacht wäre: so wäre der Beweis vollendet.

Philolaus. Wie aber? wenn durchaus kein rechnender Verstand wäre?

Theophron. Warum, m. Fr., wollen wir Ein Unding zweimal wiederholen? Giebt es keinen rechnenden Verstand: so giebt es auch nichts Berechnetes, mithin auch keine Harmonie und Ordnung, die blos eine Folge des Verstandes ist. Räumen wir alles Denkende weg, so ist nichts Denkbares; alles Wirkliche, so ist nichts wirklich. Wo gelangen wir aber mit solchen Sophistereien hin? und sind sie eines Philosophen würdig? Zertreten Sie die ewigen Grundsätze der Vernunft und lösen solche in hypothetische Wortgespinste ohne Existenz und nothwendiges Erkenntniß einer inneren Wahrheit auf; freilich so ist

kei-

keine Demonstration nicht nur Einer, sondern keiner Exsistenz möglich. Was haben Sie das mit aber gethan, als den Grund alles Denkens, das Daseyn aufgehoben? und wie ist nun ferner eine gesunde Philosophie möglich? Ueberzeugen mich schon meine Sinne vom Daseyn nach ihrer Art d. i. auf eine dunkle verworrene Weise; wie sollte mich meine Vernunft nicht vom Daseyn nach ihrer Art d. i. durch deutliche, vollständige Begriffe überzeugen können? Verlange ich aber von ihr, daß sie mir ihre Begriffe als sinnliche Anschauungen ohne sinnliche Anschauung gebe oder mir das Daseyn sinnlicher Gegenstände, die in ihr Gebiet nicht gehören, als reine Vernunft=Wahrheiten demonstrire und table sie, daß sie das nicht wolle oder vermöge: so hat mein Tadel nicht mehr Grund, als wenn ich die Farbe hören, das Licht schmecken und den Schall sehen wollte. Wir wollen uns hüten, Philolaus, daß wir nie in diese Gegend der Hyperkritik des gesunden Verstandes

gera=

gerathen, wo man ohne Materialien bauet, ohne Epsistenz ist, ohne Erfahrungen weiß und ohne Kräfte kann. Die Begriffe dieses Reichs sind wie die Fata Morgana, scheinbare Nichtigkeiten zurückgeworfener Bilder ohne Haltung, ohne Dauer und wahre Belehrung.

Philolaus. Sie bauen also Ihre Demonstration auch nicht auf den Begriff der Ursache und Wirkung?

Theophron. Ich nehme diese Begriffe aus der täglichen Erfahrung des gesunden Verstandes; ins Gebiet der Demonstration aber weiß ich sie nicht zu verpflanzen, weil ich weder was Ursache noch was Wirkung sei? vielweniger das Band zwischen beiden deutlich erkenne. Demonstriren läßts sich bei keiner Erfahrung, daß dies die Wirkung jener Ursache sei, ob wir wohl sinnlich klar erkennen oder vielmehr muthmaaßen, daß sie es seyn müsse, weil wir beide oft und immer zusammen, oder nach

ein-

einander fanden. Ihnen ist bekannt, welche
Fehl-Muthmaaßungen man hierüber selbst im
Lauf der täglichen Erfahrung bei den gemeinsten
Dingen oft gemacht habe; und der Grund davon ist sichtbar, weil jeder Schluß von Ursache
auf Wirkung oder umgekehrt von Wirkung auf
Ursache nie Demonstration, sondern immer nur
eine Muthmaaßung im Reich der Sinnlichkei-
ten war. Wir wissen nicht, was Kraft ist
noch wie sie wirke? wir sehen ihre Wirkung nur
als Zuschauer und bilden uns daher analogische
Urtheile. Selbst die allgemeinen Regeln hierüber, die wir aufs beste bewährt finden, können wir nie demonstriren. Was sollten wir inniger kennen, als die Kraft, die in uns denkt
und wirket? Wir kennen sie indeß so wenig, als
jede andre, die außer uns ist. Selbst die Gedanken meiner Seele, als Wirkungen betrachtet, begreife ich nicht; nur dann sind sie mir
begreiflich, wenn ich sie „als ewige Wahrheiten zum Wesen meiner Vernunft gehörig„ unter

dis

die Regel einer innern Nothwendigkeit zu bringen vermag. Dahin also habe ich auch in Ansehung Gottes meinen Beweis eingeschränket; wer zuviel beweisen will, läuft Gefahr, daß er nichts beweise —

Philolaus. Also werden Sie sich auch über die Art der Schöpfung nicht erklären, ob sie Hervorbringung, Emanation u. dgl. sei?

Theophron. Wie könnte ich dieses, da ich nicht weiß, was Schaffen, was Hervorbringen heiße? Die gemeine Vorstellungsart ist, daß Gott die Welt aus sich herausgedacht habe: sie scheint die reinste zu seyn, weil wir von keiner reinern Wirkung, als vom Gedanken unsrer Seele Begriff haben; auch haben sich Leibnitz und alle hellbenkende Köpfe an sie gehalten, weil ihnen die Erfahrung kein besseres Bild, die Sprache keinen bessern Ausdruck gab. Die Gedanken unsrer Seele, sagt man, sind an sich unwirksame Bilder; die Gedanken Gottes,

tes, mit innerer Allmacht begleitet, waren höchst wirksam. Er dachte und es ward: er wollte und es stand da. Ich glaube, es giebt aber eine für uns unerklärliche Sache keine behutsamere Formel.

Indessen schließt sie uns das Wesen der Wirkung nicht auf; vielmehr muß man sich auch bei ihr hüten, daß man ihre Ableitungen nicht übertreibe. Die grobe Vorstellungsart z. B., daß Gott nach Millionen Ewigkeiten die Welt aus sich herausgedacht habe, wie eine Spinne das Gewebe aus sich zieht, ist mir unerträglich.

Philolaus. Die gröbere Emanation wird es Ihnen also noch mehr seyn und doch giebt man selbst dem Spinoza Schuld, daß er sein System aus dem Kabbalismus der Juden entlehnt habe.

Theophron. Wer hat Ihnen das eingebildet, Philolaus?

Philolaus. Es ist eine sehr gemeine Meinung.

Theophron. Die keinen weitern Grund hat, als die Autorität eines gelehrten Schwärmers, den ich in jedem andern Betracht, nur nicht als einen Philosophen ehre. Wachter stritt gegen einen Juden und wollte den Spinozismus im Judenthum finden; nachher ward er selbst ein sehr verworrener Spinozist und wollte seinen Spinozismus, nicht die Lehre des Spinoza, mit der Kabbala vereinigen: beide Bemühungen waren unglücklich. Die Philosophie des Spinoza ist von der Kabbala eben so verschieden, als es vergebliche Mühe ist, jene durch diese läutern zu wollen. Die Kabbala ist ein zusammengeflossener Unrath guter und böser, im Ganzen aber schwärmerischer, dunkler Vorstellungen in ungeheuren Bildern, mit denen der reine heitre philosophische Sinn Spinoza's nichts zu thun fand; sonst wäre er ein Jude geblieben. In seiner ganzen Ethik finden Sie kein Bild und seine wenigen Gleichnisse sind ihm fast mißrathen. Er ist ein Antipode der Kabbala,

bala, wenn es je Einen gegeben hat. Auch mit der Emanation, (die doch von den Juden eben so wenig erfunden war, als sie von ihnen verbessert worden,) hat das System des Spinoza nichts zu schaffen. Wo er die Worte Hervorbringung, Wirkung brauchen muß, braucht er sie, ohne die Art der Hervorbringung weiter zu erklären; am liebsten aber ist ihm das Wort Ausdruck. „Die Welt druckt Eigenschaften d. i. Kräfte der Gottheit aus, unendliche auf unendliche Weisen„ mich dünkt, diese Redart ist philosophisch, rein und edel. Von Ausflüssen aus Gott redet Spinoza nie; einem geometrischen Geist sind dergleichen Bilder auch nicht die liebsten. Leibnitz bediente sich einmal, um die Wirkung Gottes zu erklären, des Ausdrucks „Fulgurationen,„ wobey Er das schöne Bild der Sonnenstralen zum Grunde legte; bei Kästner *a*) können Sie lesen,

---

a) Kästners vermischte Schriften Th. 2. S. 11. u. f.

fen, wie lächerlich man das Bild in der Folge gedeutet. Also wenn wir von Gott reden, liß der keine Bilder! Auch in der Philosophie ist dies unser erstes Gebot, wie im Gesetz Moses.

Philolaus. Und doch haben die Ebräischen Kabbalisten so viele Bilder auf Gott gehäuft?

Theophron. Weil sie meistens eben so schlechte Philosophen als schlechte Schüler Moses waren. Ihr Gott hieß Jehovah: d. i. „ich bin der ich bin und werde seyn, der ich seyn werde.„ Dieser Begriff schließt die höchste, völlig-unvergleichbare Existenz in sich, so wie er alle Emanationen ausschließt. Spinoza blieb diesem hohen, einzigen Begriff treu; deßhalb er mir auch werth ist. Es giebt keinen absolutern, reineren, fruchtbareren Begriff in der menschlichen Vernunft: denn über das ewige, durch sich bestehende, vollkommenste Daseyn, durch welches Alles gesetzt, in welchem Alles gegeben ist, läßt sich nicht steigen.

Philolaus. Also wird Ihnen auch das Bild der Weltseele nicht sonderlich lieb seyn?

Theophron. Es ist ein menschliches Bild und wenn es vorsichtig gebraucht wird, kann von der innig-einwohnenden Kraft Gottes manches dadurch anschaulich gesagt werden; indessen bleibt es ein Bild, das ohne die größeste Vorsichtigkeit sogleich mißräth. Lesen Sie z. B. die Stelle, wie Leßing sich das Bild dachte.

Philolaus. „Wenn Leßing sich eine persönliche Gottheit vorstellen wollte, so dachte er sie als die Seele des Alls." a)

Theophron. Merken Sie, wenn er sich eine persönliche Gottheit vorstellen wollte; er hatte aber gegen dies Persönliche vorher selbst protestirt und wie könnte man auch die Seele im Körper eine Person nennen?

Philolaus. „Und das Ganze dachte er sich nach der Analogie eines organischen Körpers. Diese Seele des Ganzen wäre also, wie es

―――――
a) Ueber die Lehre des Spinoza S. 34.

es alle andre Seelen nach allen möglichen Sy: stemen sind, als Seele nur Effect.„

Theophron. Erwägen Sie die ungeheure Folge eines trüglichen Bildes: Gott, die Seele des Ganzen, sei ein Effect, nichts als ein Effect der Welt; alle andre Seelen, nach allen möglichen Systemen seyn als Seelen nur Effecte. Wahrscheinlich also nur Effecte der Zusammensetzung ohne etwas Zusammensetzendes: der Leib d. i. die Welt wird Schöpfer, Gott ein Geschöpf; können Sie sich üblere Folgen einer Accommodation denken? Gölte sie, so brächte jeder mit seinem Begriff der Seele in Gott hinein, was Er sich an der Seele denket und von ihr wähnet.

Philolaus. „Der organische Umfang derselben (Seele) könnte nach der Analogie der organischen Theile dieses Umfanges insofern nicht gedacht werden, als er sich auf nichts, das außer ihm vorhanden wäre, beziehen, von ihm nehmen und ihm wiedergeben könnte.„

Theophron. Hier bekommt Gott also als Seele der Welt schon einen organischen Umfang, Theile dieses Umfanges; er muß sich auf etwas beziehen, das außer ihm vorhanden wäre, von dem er nehmen, dem er wiedergeben könne. — O Spinoza, wie weit bist du, selbst bei deinen härtesten Ausdrücken, von einer solchen Katachrese eines Bildes, der Weltseele entfernt!

Philolaus. „Also, um sich im Leben zu erhalten, muß Gott von Zeit zu Zeit sich in sich selbst gewissermaaße zurückziehen; Tod und Auferstehung mit dem Leben in sich vereinigen. Man könnte sich von der Oekonomie eines solchen Wesens mancherlei Vorstellungen machen u. s." — Wahrscheinlich war dies alles von Leßing blos Scherz, wie sein Freund unmittelbar drauf selbst sagt, *a*) daß er die Idee der Weltseele bald im Scherz, bald im Ernst gewendet habe.

Theo=

a) S. 35.

Theophron. Und so zeigte Leßing selbst die Trüglichkeit des ganzen Bildes, das im Ernst und Scherz so und anders gewandt werden könnte. Sie kennen Leßings Art, die Sache so zu wenden, um eben das Ungereimte im Ungereimten zu zeigen.

Philolaus. Indessen m. Fr. dürften wir doch nach einer Vorstellung des Welt-Ganzen. Am Einzelnen kann unsre Seele sich nie begnügen und wenn das Ganze, wie ich freilich eins sehe, kein Riese seyn kann, „der sich gegen das Nichts sträubt, sich mit schrecklichen Contorsionen in sich selbst zurückzieht, sich wieder ausdehnet und also Tod und Leben schafft, damit der Ewig-Lebende sich nur von Zeit zu Zeit selbst im Leben erhalte„, wenn dies alles freilich nichts ist, welche Vorstellung soll ich mir denn vom Ganzen der Welt bilden?

Theophron. Keine sinnliche Vorstellung, Philolaus. Das Endlose giebt kein Bild; das

absolut Unendliche Ewige noch minder. Mer:
ken Sie, wie unser Haller alle Kräfte seiner
Phantasie aufbietet, das Endlose zu schildern;
er kanns nicht.

 Unendlichkeit, wer missset dich?
 Bei dir sind Welten Tag' und Menschen
      Augenblicke.
 Vielleicht die Tausendste der Sonnen wälzt
      jetzt sich
 und tausend bleiben noch zurücke.
 Wie eine Uhr, beseelt durch ein Gewicht,
 eilt eine Sonn' aus Gottes Kraft bewegt;
 ihr Trieb läuft ab und eine andre schlägt,
 Du aber bleibst und zählst sie nicht.

Mit dem letzten Zuge hat der Dichter sein gan:
zes Gemählde selbst vernichtet. So thut ers
mit seinem noch schöneren Bilde der Ewigkeit:

 Die schnellen Schwingen der Gedanken,
 wogegen Zeit und Schall und Wind
      und

und ſelbſt des Lichtes Flügel langſam ſind,
ermüden über dir und hoffen keine Schranken.
Ich häufe ungeheure Zahlen,
Gebürge Millionen auf:
ich wälze Zeit auf Zeit und Welt auf Welt
zu Haufe;
und wann ich von der fürchterlichen Höhe
mit Schwindeln wieder nach dir ſehe,
iſt alle Macht der Zahl, vermehrt mit tauſend Malen,
noch nicht ein Theil von dir;
ich zieh' ſie ab und du liegſt ganz vor
mir.

Laſſen Sie uns alſo ſelbſt von einem philoſophi-
ſchen Dichter lernen, auf metaphyſiſche Phan-
tasmen und leere Anſchauungen eines Endloſen
Raums, einer Endloſen Zeit, geſchweige auf
das untheilbare ewige Daſeyn in Bildern Ver-
zicht zu thun. Wer dies nicht thun will, bringt
Unge-

Ungeheuer in die Philosophie, vor denen, wie billig ist, es den Erfinder zuerst selbst schaudert.

Philolaus. So möchte ich denn, ohn' alle Bilder, Naturgesetze der Haushaltung Gottes, ausdrückende Symbole der höchsten Wirklichkeit, einer nothwendigen Güte und Weisheit kennen lernen. Ihnen, Theophron, wie mir muß eine Aufhellung oder Wiederholung solcher, der ewigen Ideen im göttlichen Verstande erfreulich seyn.

Theophron. Wir wollen die morgende Abendstunde dazu wählen. Ist Ihnen schon dieser Hymnus bekannt? er giebt Ihnen zwar kein Bild von Gott; aber vielleicht etwas Besseres als Bilder.

Gott.

Gott. *)

Der Einzige, der Allem Alles ist,
ist unser Gott! Geschöpfe, betet an.
Den nicht-Erschaffenen, den Einzigen,
den Ersten, Ihn, Geschöpfe betet an.

Du seine große, weite, schöne Welt
mit allen deinen Feuerkugeln dort!
Du warest nicht, du wurdest und du bist
in deiner Pracht. Geschöpfe betet an.

Zehntausend seiner Sonnen traten hin
und gehen ewig ihren großen Gang.
Zehntausend seiner Erden traten hin
und gehen ewig ihren großen Gang.
Zehntausend Myriaden Geister stehn
um seinen Thron. Um seinen Thron?
      Hinweg
mit seinem Thron. Er sitzt, er stehet nicht,
er ist kein König, kein Kalif. Er ist

         das

*) S. Gleims Halladat III.

das Wesen aller Wesen; er ist Gott,
ist unser Gott! Geschöpfe betet an.

Wer ist, den er zu seiner Werkstatt rief,
dahinzutreten und zu sehn, zu sehn —
wie er es macht? Wie er den Ocean
in so geschmeidigem Gehorsam hält,
daß seines Wassers nicht ein Tropfe fort
aus seiner Tiefe will; wie er den Mond
an einen dünnen Faden bindet und
in blauer Luft ihn schweben läßt; wie er
in Zeit von Rosses oder Reuters Huy
Zehntausend Millionen Sonnenfernen mißt
und keines Apfels, keines Staubes fehlt!

Wer ist wie Er? Auf seiner Erde wohnt
kein ihm ergebener, erhabner Geist
und keiner blickt von seinem Wolkenzug'
und seinem Morgenroth, der mir es sagt
wie er es macht! Kein Seher Gottes ist,
kein Heiliger, kein Frommer, der es weiß.

Von dir du kleiner Ball, auf welchem wir
Zehntausend Millionen Ballen dort
nur

nur funkeln sehn, hinauf zum Sonnenball,
vom Sonnenball hinan zum Sirius,
der Millionenmal so groß wie du
dem armen Erdenwurm ein Punctum ist.
Von dir du kleiner Käfer, bis zu dir
du stolzer Adler, der den Kaukasus
auf seinem Flug für einen Kiesel sieht.
Von dir, du kleine Schnecke, deren Blut
die Hüllen stolzer Menschen färben muß,
zu dir, du kluger Affe, welcher sich
die Wangen färbt um schön zu seyn; und dann
so weiter fort zu einem Geist, der Gott
das Wesen aller Wesen denken will —

 Ha welche Stuffen! Welche Stuffen hier
und dort in allen Millionen dort!
In allem Todten, allem Lebenden,
und allem Leichten, allem Schweren! —
   Gott
der Einzige, der Allem Alles ist,
ist unser Gott! Geschöpfe betet an.

Fünftes Gespräch.

Theano.

Vergönnen Sie mir, meine Freunde, daß ich heut Ihre sichtbare Zuhörerinn seyn darf, wie ichs bisher unsichtbar gewesen. Vieles von Ihren Gesprächen habe ich nicht verstanden und auch heut begehre ich nicht eben alles zu verstehen; gnug für mich, wenn ich nur im Ganzen dem Sinn Ihrer Unterredung folge. Meine Gegenwart soll Sie nicht stören; ich werde schweigend meine Arbeit verrichten und nur mit meinen Gedanken Sie begleiten.

Theophron. Sie sind willkommen unserm Gespräch, Theano: denn auch Sie haben doch nichts dagegen, Philolaus, daß Theano uns zuhöret?

Philolaus. Sehr viel, wenn sie es blos schweigend thun wollte. Sie müssen sich in unser Gespräch mischen und ihm, wenn es sich in eine leere Metaphysik verirret, wieder auf den Schauplatz der Menschheit helfen. Versprechen Sie uns dies, Theano?

Theano. Ich will Sie so wenig unterbrechen, als es seyn kann und Ihnen dafür gleich jetzo zum Gespräch helfen. Sie wünschten gestern, Philolaus, Regeln der Haushaltung Gottes in der Welt oder wie Sie es nannten, ausdrückende Symbole seiner Wirklichkeit, Macht, Weisheit und Güte kennen zu lernen; wie ist's aber möglich, daß Theophron aus dem Ocean, der uns umfließt, einige Tropfen schöpfe? Fast mit Widerwillen hörete ich gestern, wie Sie Meinungen anführten, als ob das Daseyn Gottes unerweislich sei und ich wunderte mich, Theophron, daß Sie sich in diese Grübeleien einlassen wollten. Das Daseyn eines Wesens kann, wie mich dünkt, nur durch Wesen und durch die Anschauung derselben, nicht durch willkührliche Begriffe und leere Worte erkannt werden, so wenig als es durch diese auch) weggeräumt werden mag. Man hat ein Sprüchwort, daß man durch Träume weder reich, noch satt werde; durch Worte wird mans eben so wenig. Wir sind Menschen und als solche, dünkt mich, müssen wir Gott kennen lernen, wie er sich uns wirklich gegeben und geoffenbaret hat. Durch Begriffe empfangen wir ihn nur als einen Begriff, durch Worte nur als ein Wort; durch Anschauungen der Natur aber, durch den Gebrauch unsrer Kräfte, durch den Genuß unsres Lebens genießen wir ihn als wirkliches Daseyn voll Kraft und Leben. Nennen Sie dies Schwärmerei: so will ich gern eine Schwärmerin seyn: denn ich mag lieber die wirkliche Rose sehen und genießen, als von einer erdichteten, gemalten Rose mit ödem Kopfbrechen träumen.

Theophron. Wohl Theano! Sie sehen doch aber die Rose, die Sie genießen und werden sich dieses Genusses wegen nicht die Augen verbinden. Und was arbeiten Sie da? Sie

sticken

sticken ja selbst diese Blume. Sie ahmen also einer Kunst der Natur nach, die Ihnen nur Ihr bemerkendes Auge sichtbar machte und jetzt das Auge Ihrer Seele, Ihre lebhafte Erinnerung der Nadel gleichsam vorzeichnet. Schließen Sie also von keinem Gefühl, von keinem Genuß der Schöpfung den Gedanken aus; er ist uns zum Anschauen Gottes so nothwendig, als Ihrer arbeitenden Nadel das Bild der Zeichnung in Ihrer Seele. Der verkennete die Menschheit, der den Schöpfer nur schmecken und fühlen wollte, ohne ihn zu sehen und zu erkennen.

Theáno. Den Vorwurf machen Sie mir nicht, Theophron, da ich unsern Philolaus eben vor einem gleichen Fehler der einseitigen Trennung warne. Ich habe die Philosophie herzlich gern, wenn sie bei Gegenständen der Natur bleibt und solche ins Licht setzt. Ich habe mich sehr gefreuet, da Sie Ihren Freund auf die Schönheit, Güte und Wahrheit aufmerkſam machten, die den Gegenſtänden nicht als Willkühr aufgeheftet iſt, ſondern als die Wirklichkeit ſelbſt in jedem Weſen liegt, und dies Weſen ausmacht. Seit der Zeit bemühe ich mich in allem was um mich iſt, dieſen Punkt der reinen Nothwendigkeit auszufinden und bemerke in ihm immer Wahrheit, Güte, Schönheit. Ich wollte, daß ich mein ganzes Leben, alle meine Geſchäfte, meine kleineſte Kunſt, ja ſelbſt dieſe armſelige Blume ſo einrichten könnte, daß die webende Minerva ſelbſt ſagen müßte: „anders als alſo konnte ſie nicht gemacht werden.„ Wie viel Troſt, was für ſüße Anmuth liegt in dem Wort „Nothwendigkeit,„ inſonderheit für unſer Geſchlecht, dem durch die Ordnung der Natur und durch die Einrichtungen der Menſchen ſo wenig Willkühr erlaubt iſt. Ich danke der guten Abraſtea, daß ſie uns ſo wenig erlaubte, da unſer Geſchlecht eben am meiſten nach Willkühr ſtrebet. Ich liebe jetzt dieſe Tochter der gütigen Weisheit und haſſe

alle

alle Launen. Ich überlasse sie den Männern, die sich ja willkührliche Herren der Erde zu seyn dünken.

Theophron. Halten Sie nicht viel von diesen willkührlichen Herren, liebe Theano. Je weniger Vernunft man besitzet, desto mehr hat und liebet man Willkühr. Ich wollte den Mann kennen lernen, der, welches kleine Geschäft des Lebens es auch sei, solches auf unzählige Arten gleich gut verrichten könnte und es seiner blinden Wahl überlassen glaubte, welche von diesen Arten er vorziehen wolle. Der schönste und schwerste Zweck des männlichen Lebens ist, von Jugend auf Pflicht zu lernen; solche aber, als ob es nicht Pflicht sei, in jedem Augenblick des Lebens auf die leichteste, beste Weise zu üben und also jedesmal den höchsten Punct der Kunst, das Gesetz des Einzigen Besten, der holden und schönen Nothwendigkeit zu erreichen. Diese ist nicht Zwang, nicht Nothdurft von innen oder außen, ob sie gleich einem unerfahr-

nen,

nen, trägen, muthwilligen Menschen also dünket; ihr Joch ist sanft und ihre Last ist leicht, wenn man derselben Einmal gewohnet. Wehe dem Mann, der in üblen Gewohnheiten hart wird; wohl aber jedem vernünftigen, thätigen Wesen, dem seine Pflicht und die schönste Art sie zu üben zur Natur d. i. zur Nothwendigkeit ward. Er hat den Lohn der guten Engel in sich, von denen die Religion sagt, daß sie im Guten bestätigt, nicht mehr fallen können, noch fallen wollen, weil ihre Pflicht ihnen Natur, weil ihre Tugend ihnen Himmel und Seligkeit ist. Wir wollen uns auch bestreben, meine Freunde, den innern Lohn dieser seligen Wesen zu genießen; ja warum dürften wir bei ihnen stehen bleiben, da uns allenthalben in der Natur das Vorbild unsres Vaters selbst vorleuchtet, der im Kleinsten und Größesten ohn' alle schwache Willkühr mit der ganzen Schönheit und Güte einer selbstständigen Vernunft, Wahrheit und Nothwendigkeit handelt.— Ich sehe

Philo-

Philolaus, daß Sie Ihre Schreibtafel bereiteten; Sie müssen mir also, zusammt unsrer Freundin Theano, die Sätze, die Sie aufzeichnen wollen, zuerst selbst auffinden helfen.

Philolaus. Das will ich gern, so bald Sie mich auf den Weg führen.

Theophron. Wohlan denn, meine Freunde, und die Gottheit selbst wird uns beistehn, da wir die Natur ihres Wesens und ihrer Werke, als die weiseste, beste Nothwendigkeit zu entwickeln streben. Was konnte sie, indem sie auf eine uns unbegreifliche Art Wesen hervorbrachte, was konnte sie ihnen Höheres geben, als, was in ihr selbst das Höchste ist, Daseyn. In Gott ists der Grund und Inbegriff alles Genusses, die Wurzel aller seiner unendlichen Kräfte; in jedem daseynden Dinge nicht minder. Aller unsrer Abhängigkeit ohngeachtet sind oder dünken auch wir uns Substanzen und fühlen unser Daseyn mit so inniger Gewißheit, mit so sanfter Liebe und Freude, daß wir an die Zerstörung unsrer nicht nur ungern denken, sondern auch mit aller Gewalt sie uns nicht vorzustellen vermögen. Es ist das Wesen des denkenden Geistes, daß er vom Nichts durchaus keinen Begriff hat und es gehört eine sonderbare Verödung des Kopfs dazu, sich nur einzubilden, daß das Nichts ein denkbarer Begriff sei. Ein Zeichen für dasselbe o oder $\sqrt{-1}$. kann er sich erdenken und indem er zwei Dinge einander widersprechend erkennt, Eins durch das andre wegräumen. D. i. er vermag deutlich einzusehen, daß indem er das Eine sich vorstellt, er zu eben der Zeit sich nicht auch das andre als Jenes denken könne; damit aber hat er von nichts weniger als vom absoluten Nichts einen Begriff. Er kann statt des vollen Raums der Welt z. B. sich einen ungeheuren schwarzen leeren Raum einbilden; damit aber bildete er sich noch kein Nichts ein. Kurz das Nichts ist Nichts; es ist also auch jedem Wesen, das da ist,

ist, geschweige dem Inbegriff aller Wirklichkeit Gott selbst ein Nichts d. i. völlig undenkbar. Bemerken Sie, Philolaus, was auf dieser innern Nothwendigkeit des Begriffs vom Daseyn für jedes denkende Wesen ruhe?

Philolaus. Die schönste Wahrheit ruhet darauf, nämlich: daß kein Nichts in der Natur sei, daß es auch nie gewesen sei und nie seyn werde, weil es etwas Undenkbares, ein Nichts ist. So wenig der Ausdruck: aus Nichts ein Etwas schaffen oder die Schilderungen des Dichters:

> Befruchtet mit der Kraft des Wesenreichen
> Wortes
> gebiert das alte Nichts —

oder:

> als mit dem Unding noch das neue Wesenrung
> und auf die Nacht des alten Nichts
> sich goß der erste Strom des Lichts,

einen andern als dichterischen Sinn haben: so wenig hat unsre Seele einen Begriff davon was es heißt: etwas vernichten, ein Etwas in Nichts verwandeln oder wenn der Dichter singt:

> wenn ein zweites Nichts wird diese Welt begraben;
> wenn von dem Alles selbst nichts bleibet als die Stelle:

denn wenn die Stelle noch da ist von dieser Welt, mithin eine Stelle zu neuen Welten: so ist noch nichts weniger als das Nichts herrschend. Ich kann Ihnen nicht sagen, m. Fr., wie sehr mir jetzt alle diese Scheinausdrücke, leere Gespenster einer dunklen Phantasie, zuwider sind. Wenn manche Metaphysiker alles Denkbare, die Welt, Gott selbst wegräumen und finden dies ungeheure Nichts als das reinste Object ihrer Vernunft sehr denkbar; finden es ganz natürlich, daß sich aus diesem Nichts

mit

mit aller Vernunft kein Etwas weder Gott noch
die Welt hervordemonstriren lasse —

Theano. Ich bitte, endigen Sie, Phi=
lolaus, mit dem gräßlichen Nichts.

Philolaus. Oder wenn gar das Daseyn,
das erfreuliche nothwendige Daseyn Gottes ih=
nen gräßlich dünkt — „Die reine Nothwen=
digkeit, sagen sie, sei als der letzte Träger al=
ler Dinge ein Abgrund für die Vernunft.
Selbst Hallers Ewigkeit mache lange nicht den
schwindlichten Eindruck auf das Gemüth, als
das nothwendige Daseyn Gottes: denn jene
messe zwar, aber sie dürfe nicht tragen. Man
könne den Gedanken nicht ertragen, daß ein
Wesen, welches wir uns auch als das Höchste
unter allen Möglichen vorstellen, gleichsam zu
sich selbst sage: „Ich bin von Ewigkeit zu Ewig=
keit: außer mir ist nichts, ohne das was blos
durch meinen Willen etwas ist; aber *woher
bin ich denn?* Hier, sagen sie, hier sinkt

alles

alles unter uns und die größeste Vollkommenheit wie die kleinste, schwebt ohne Haltung blos vor der speculativen Vernunft, der es nichts kostet, die eine so wie die andere ohne die mindeste Hinderniß verschwinden zu lassen.„

Theano. Erretten Sie mich, Theophron, von den öden Vorstellungen, die Philolaus anführet. Ich bin ein Weib und werde mir, seitdem ich Ihre letzten Gespräche angehört habe, weder Hallers Ewigkeit als eine Messende, noch die weiseste Nothwendigkeit als eine Trägerin; noch den Höchsten als einen stolzen Unwissenden denken, der ruhmredig mit sich selbst spricht und sich thöricht fragt: „woher er sei?„ Ich weiß auch nicht, ob bei den Philosophen ein dunkles Gefühl über deutliche Begriffe entscheide, noch ob es ein Triumph der Vernunft sei; die größeste Vollkommenheit wie die kleinste willkührlich ohne die mindeste Hinderniß vor sich verschwinden zu lassen; aber das weiß ich, daß nach meiner Idee es kein höheres, seligeres Daseyn

Daseyn geben kann, als Dessen, durch den Alles ist, durch den Alles genießet und lebet. Er darf, wenn das Daseyn jedes Dinges auf einer innern Nothwendigkeit seiner höchsten Weisheit und Güte ruhet, nichts mühsam tragen; alles trägt sich selbst, wie die Kugel auf ihrem Schwerpunkt ruhet: denn alles Daseyn ist ja in seinem eignen ewigen Wesen, in seiner Macht, Güte und Weisheit gegründet. Sie haben uns zwar vor Bildern gewarnt, Theophron; aber ists wohl unerträglich zu denken, daß die Wurzel den Baum trage? Sie stürbe ab und wäre keine Wurzel, wenn sie die schöne Schöpfung des Stammes mit seinen Aesten, Zweigen, Blüthen und Früchten nicht zu tragen hätte: So Gott, die ewige Wurzel vom unermeßlichen Baum des Lebens, der durch das Weltall verschlungen ist: Er die unendliche Quelle des Daseyns, des größesten Geschenks, das nur Er mittheilen konnte. —

Theophron. Und welch ein Pfand, meine Freunde, haben wir mit diesem Geschenk auf die ganze Fortdauer unsres Lebens. Das Daseyn ist ein unzertheilbarer Begriff, ein Wesen. Es kann so wenig in ein Nichts verwandelt werden, als wenig es ein Nichts ist, oder die Gottheit könnte sich selbst vernichten. Ich rede hier nicht von Erscheinungen, von Zusammensetzungen irgend einer Gestalt in dem, was wir Raum und Zeit nennen. Alles was erscheint, muß auch verschwinden; jedes Gewächs der Zeit trägt auch zugleich den Keim der Verwesung in sich, der da macht, daß es in seiner Erscheinung nicht ewig daure. Was zusammengesetzt ist, wird aufgelöst: denn eben diese Zusammensetzung und Auflösung heißt Weltordnung und ist das immer wirkende Leben des Weltgeistes. Ich rede also auch selbst noch nicht von der Unsterblichkeit einer Menschenseele und bin gar nicht willens, Ihnen Phantome der Einbildungskraft vorzuzeichnen, wie sie im

Raum und in der Zeit d. i. in der großen Weltsordnung andre Organe annehmen und ihre Seelenkräfte neu üben werde. Wovon wir reden ist ein einfacher Begriff, das Daseyn, an welchem das niedrigste mit dem obersten Wesen Theil hat. Nichts kann untergehen, nichts vernichtet werden oder Gott müßte sich selbst vernichten; aber alles Zusammengesetzte wird aufgelöset, alles was Ort und Zeit ausmißt, wandert. Da nun im unendlichen Daseyn alles liegt, was seyn kann und ist; wie Endlos wird die Welt, m. Fr., Endlos nach Raum und Zeit und in sich selbst beständig. Gott hat den Grund seiner Seligkeit Wesen mitgetheilt; die auch wie er, das Kleinste wie das Größeste, Daseyn genießen und damit ich Ihr Gleichniß brauche, Theano, als Zweige von seiner Wurzel ewigen Lebenssaft schöpfen. Mich dünkt, wir zeichneten uns also, Philolaus, das erste Naturgesetz der heiligen Nothwendigkeit auf:

Philo=

Philolaus.

1. Das höchste Daseyn hat seinen Geschöpfen nichts Höheres zu geben gewußt, als Daseyn.

Theophron. Aber, meine Freunde, Daseyn und Daseyn, so einfach der Begriff ist, sind in ihrem Zustande sehr verschieden und was meynen Sie, Philolaus, was die Stuffen und Unterschiede desselben bezeichnet?

Philolaus. Nichts anders als Kräfte. In Gott selbst fanden wir keinen höheren Begriff; alle seine Kräfte aber waren nur Eine. Die höchste Macht konnte nicht anders als die höchste Weisheit und Güte seyn, ewig lebend, ewig wirksam.

Theophron. Nun sehen Sie selbst, Philolaus, daß das Höchste oder vielmehr das All (denn Gott ist nicht ein Höchstes auf einer Stuffenleiter von Seinesgleichen) sich wirkend nicht anders als im All offenbaren konnte. In ihm

konnte

konnte nichts schlummern und was er ausdrückte, war Er selbst, eine untheilbare Weisheit,
Güte und Allmacht. Die Welt Gottes ist also
die Beste; nicht weil er sie unter Schlechteren
wählte, sondern weil ohne ihn weder Gutes
noch Schlechtes dawar und Er nach der innern
Nothwendigkeit seines Daseyns nichts Schlechtes wirken konnte. Alle Kräfte sind also da,
die daseyn konnten; allesammt Ein Ausdruck
der Allweisheit, Allgüte, Allschönheit. Im
Kleinsten und Größesten wirket er; in jedem
Punkt des Raums und der Zeit, d. i. in jeder
lebendigen Kraft des Weltalls. Denn Raum
und Zeit sind nur Phantome unsrer Einbildungskraft, Maasstäbe eines eingeschränkten Verstandes, der Dinge nach und neben einander sich
bekannt machen muß; vor Gott ist weder Raum
noch Zeit, sondern Alles eine ewige Verbindung.
Er ist vor Allem und es bestehet Alles in
ihm: die ganze Welt ein Ausdruck, eine Erscheinung seiner ewig=lebenden, ewig=wirkenden
Kräfte.

Thea-

Theano. Und o wie haben wir uns zu freuen, daß so nichtige Erscheinungen wir sind, in uns dennoch ein Ausdruck der drei höchsten Gottes- und Weltkräfte, Macht, Verstand und Güte wohne. Ich kann mir keine andre, geschweige höhere Eigenschaften gedenken: denn was ich in allen Werken der Natur Göttliches sehe, führet sich auf diese drei zurück, deren Eine die andre erklärt und deren höchster Inbegriff und Ursprung in Gott wohnet. Wir haben also auch das wesentliche Gesetz Gottes in uns, unsre beschränkte Macht nach Ideen der Wahrheit und Güte zu ordnen, wie solches der Allmächtige seiner vollkommensten Natur nach selbst ausübet. Er hat uns darinn etwas Wesentliches von sich mitgetheilet und uns zu Ebenbildern seiner Vollkommenheit gemacht, indem es in der Natur einer göttlichen Kraft liegt, nicht blind sondern mit dem höchsten Verstande und einer alles Nichts ausschließenden Güte zu wirken. Aber wie weit entfernen wir

uns

uns von dieser Regel bei jedem willkührlichen, Vernunft- und Gütelosen Gebrauch dieser Kräfte!

Theophron. Sorgen Sie nicht, Theano: denn wenn es im Wesen jeder göttlichen Kraft liegt, nicht blind sondern nach Weisheit und Güte zu wirken; so wird sich uns auch dieser scheinbare Schatte in der Schöpfung aufklären. Mich dünkt, Philolaus, wir können vorsjetzt den zweiten großen Satz einer göttlichen Nothwendigkeit setzen:

II. Die Gottheit, in der nur Eine wesentliche Kraft ist, die wir Macht, Weisheit und Güte nennen, konnte nichts hervorbringen als was ein lebendiger Abdruck derselben, mithin selbst Kraft, Weisheit und Güte sei, die eben so untrennbar das Wesen jedes in der Welt erscheinenden Daseyns bilden.

Philolaus. Ich habe den Satz aufgezeichnet und sehe ihn aus der Natur Gottes ein; ich wünschte aber, daß Sie ihn für Theano und mich in einzelnen Beispielen zeigten. Die Grade der Vollkommenheit in der Welt sind so zahllos-mannichfaltig, daß die niedrigsten derselben uns Unvollkommenheiten scheinen.

Theophron. Konnte dies anders seyn, Philolaus? Wenn alles Mögliche daist uns nach dem Principium einer unendlichen göttlichen Kraft daseyn muß: so muß in diesem All die geringste, wie die höchste Vollkommenheit daseyn; nur alle sind mit der weisesten Güte verbunden und auch in der geringsten ist kein Nichts, d. i. nichts wesentlich Böses. Verzeihen Sie, Theano, daß ich abermals diesen Ausdruck nennen muß; ob er gleich ein Unding ist, das sich selbst aufhebt. Sie wissen, Philolaus, was Leibnitz von seinen einfachen Substanzen für große Dinge rühmte: "sie seyn Spiegel des Weltalls mit Vorstellungskräften begabt,

das

das Universum, jede nach ihrem Standpunkt, darzustellen und abzuschildern. Der Unendliche sehe im Kleinsten das All und im All das Kleinste.„ So erhaben diese Idee war und so nothwendig sie ist, sobald man die Welt als eine in allen Theilen zusammenhangende Wirkung der höchsten Vollkommenheit ansieht: so falsch ward sie von manchen verstanden und insonderheit die unendlich-kleinen einfachen Spiegel des Weltalls wurden unwürdig gedeutet. Wir lassen also das trügliche Bild weg, weil Bilder in die Weltweisheit nicht gehören und sagen: „jede substanzielle Kraft ist ihrem Wesen nach ein Ausdruck der höchsten Macht, Weisheit und Güte, wie solche sich an dieser Stelle des Universum o. s. in Verbindung mit allen übrigen Kräften darstellen und offenbaren konnte.„ Um dies einzusehn, dürfen wir nur betrachten, wie jede dieser substanziellen Kräfte in der Welt wirke. Sie sind doch einig mit mir darüber, Philolaus, daß sie organisch wirke?

Philolaus. Allerdings: denn mir ist keine Kraft bekannt, die außer Körpern d. i. ohne Organe sich erweise; ob mir wohl eben so unbekannt ist, wie diese Kräfte und diese Organen sich zusammengefunden haben.

Theophron. Durch ihre beiderseitige Natur, Philolaus; im zusammenhangenden Reich der vollkommensten Macht und Weisheit konnten sie nicht anders. Denn was nennen wir Körper? was nennen wir Organe? Im menschlichen Leibe z. B. ist nichts unbelebt: von der Spitze des Haars bis zum Aeußersten Ihres Nagels ist alles von Einer erhaltenden, nährenden Kraft durchdrungen und sobald diese das kleinste oder größeste Glied verläßt, trennet es sich vom Leibe. Sodann ist es nicht mehr im Gebiet der lebendigen Kräfte unsrer Menschheit; dem Reich der Naturkräfte aber entfällt es nie. Das verwelkte Haar, der verworfne Nagel tritt jetzt in eine andre Region des Zusammenhanges der Welt, in welchem er abermals

mals nicht anders als seiner jetzigen Natur nach wirkt oder leidet. Gehen Sie nun die Wunder durch, die uns die Physiologie des menschlichen oder irgend eines thierischen Körpers herzählet: Sie sehen nichts als ein Reich lebendiger Kräfte, deren jede an ihre Stelle gesetzt, Zusammenhang, Gestalt, Leben des Ganzen durch Wirkungen hervorbringt, deren jede aus der Natur ihres Wesens folget. So bildete, so erhält sich der Körper; so löset er sich täglich, so löset er sich endlich gar auf. Alles was wir Materie nennen ist also mehr oder minder selbst belebt; es ist ein Reich wirkender Kräfte, die nicht nur unsere Sinnen in der Erscheinung, sondern ihrer Natur und ihrer Verbindung nach ein Ganzes bilden. Eine Kraft herrschet: sonst wäre es kein Eins, kein Ganzes. Mehrere auf den verschiedensten Stuffen dienen: alle diese Verschiedenheiten aber, deren jede aufs vollkommenste bestimmt ist, haben dennoch was Gemeinschaftliches, Thätiges, in einander Wirkendes; sonst könnten sie abermals kein Eins, kein Ganzes bilden. Da nun im Reich der vollkommensten Macht und Weisheit Alles aufs weiseste zusammenhängt, da in ihm nichts sich anders als nach inwohnenden nothwendigen Gesetzen der Dinge selbst zusammenfügen, helfen und bilden kann: so sehen wir auch allenthalben in der Natur unzählige **Organisationen,** deren jede in ihrer Art nicht nur weise, gut und schön, sondern ein Vollkommnes d. i. ein Abdruck der Weisheit, Güte und Schönheit selbst ist, wie solche sich in diesem Zusammenhange sichtbar machen konnte. Nirgend in der Welt also, in keinem Blatt eines Baums, in keinem Sandkorn, in keinem Fäserchen unsres Körpers herrscht Willkühr; alles ist von Kräften, die in jedem Punct der Schöpfung nach der vollkommensten Weisheit und Güte wirken, bestimmt, gesetzt, geordnet. Gehen Sie, m. Fr., die Geschichte der Misgeburten, der Verwahrlosungen und Ungeheuer durch,

durch, da durch fremde Urſachen die Geſetze der Natur in Unordnung geſetzt zu ſeyn ſcheinen; die Geſetze der Natur wurden nie in Unordnung geſetzt: jede Kraft wirkte ihrer Natur getreu, ſelbſt da eine andre ſie ſtörte: denn auch dieſe Störung ſelbſt konnte nichts anders bewirken, als daß die geſtörte Kraft auf anderm Wege ſich zu compenſiren ſuchte. Ich habe über dieſe Compenſationen in einem Syſtem geſtörter Kräfte ſonderbare Bemerkungen gemacht, von denen wir uns zu einer andern Zeit unterhalten können; allenthalben aber habe ich auch im ſcheinbar-größeſten Chaos die beſtändige Natur d. i. unwandelbare Regeln einer in jeder Kraft wirkenden höchſten Nothwendigkeit, Güte und Weisheit gefunden.

Philolaus. Mich freuets, Theophron, daß Sie mir den dunkeln Begriff der Materie aufgehellet haben: denn ob ich gleich dem Syſtem des Leibnitz gern beitrat, daß ſie nichts als eine Erſcheinung unſrer Sinne, ein Aggregar substanzieller Einheiten seyn könne: so blieb mir doch in diesem System die sogenannte „idealische Verbindung solcher Substanzen,„ ein Räthsel. Leibnitz verglich die Materie mit einer Wolke, die aus Regentropfen besteht und uns nur Wolke scheinet oder gar mit einem Garten voll Pflanzen und Bäume, mit einem Teich voll Fische u. dgl.; dadurch aber konnte ich mir noch das Bestehen dieser Erscheinung, den Zusammenhang dieser Kräfte nicht erklären. Die Regentropfen in der Wolke, die Pflanzen im Garten, die Fische im Wasser haben ein Medium der Verbindung; und welches könnte bei diesen die Materie ausmachenden Kräften ein solches Medium seyn, als die Kräfte der Substanzen selbst, mit denen sie auf einander wirken? Dadurch also bilden sich Organe: denn auch das Organ selbst ist ein System von Kräften, die in inniger Verbindung.Einer herrschenden dienen. Jetzt bleibt mir die Materie nicht blos eine Erscheinung in meiner Idee oder durch

Ideː

Ideen vorstellender Geschöpfe allein verbunden; sie ists durch ihre Natur und Wahrheit, durch den innigen Zusammenhang wirkender Kräfte. Nichts stehet in der Natur allein: nichts ist ohne Ursache, nichts ohne Wirkung; und da alles in Verbindung und alles Mögliche da ist: so ist auch nichts in der Natur ohne Organisation, jede Kraft stehet in Verbindung mit andern ihr dienenden oder über sie herrschenden Kräften. Wenn meine Seele also eine substanzielle Kraft ist und ihr jetziges Reich der Wirkung zerstört wird: so kann es ihr in einer Schöpfung, in welcher keine Lücke, kein Sprung, keine Insel statt findet, an einem neuen Organ nie fehlen. Neue dienende Kräfte werden ihr beistehn und in ihrem neuen Zusammenhange mit einer Welt, in welcher Alles zusammenhangt, ihren Wirkungskreis bilden.

Theophran. Und welche nothwendige Pflicht fließt hieraus, lieber Philolaus, zu schaffen, daß sie in ihrem Innern, im System

ihrer

ihrer Kräfte selbst, wohlgeordnet von dannen gehe: denn nur wie sie ist, kann sie wirken; nur nach der Gestalt ihrer innern Kräfte kann auch ihre äußere Gestalt erscheinen. Unser Körper ist nur ein Werkzeug, ein Spiegel der Seele; jede Organisation ein äußerer Abdruck inniger Bestrebungen, die ihrer Erscheinung Bestand gaben.

Philolaus. Ich erinnere mich hiebei mancher schönen Bemerkungen des Spinoza, die er über die Verbindung des Leibes und der Seele gemacht hat. Denn ob er beide gleich, dem Cartesischen System zufolge, ganz unabhängig von einander, wie den Gedanken und die Ausdehnung betrachten mußte: so konnte es doch nicht fehlen, daß ein scharfsinniger Geist wie Er über die Harmonie beider seine Betrachtungen anstellte. Er macht den Begriff vom Leibe zur wesentlichen Form der menschlichen Seele und schließt daraus auf die Beschaffenheit, auf die Veränderungen, die Vollkommenheit und Unvollkommenheit dieses Begriffs vortreflich. Es ließe sich aus seinen Grundsätzen eine Physiognomik entwerfen, die das gewöhnliche Chaos unsrer physiognomischen Träume sehr ordnete und auf eine bestimmte Wahrheit zurückführte. Insonderheit war es mir angenehm, daß er auf die Lebensweise d. i. auf die Veränderungen in der Beschaffenheit des Körpers so viel hält und ihr die Gedankenweise, d. i. die Form des Begriffs der Seele gegenüber stellet. Aus dem Umriß eines Beins oder Knochens leitet er nicht die wandelbarsten, feinsten Triebfedern der Seele, ihrer Fähigkeiten und ihres Charakters her, ob es wohl niemand läugnen wird, daß auch jeder kleine Umriß des Körpers zur Analogie des Ganzen gehöre. — Aber Sie schweigen, Theano?

Theano. Ihr Gespräch ist mir sehr lieb, meine Freunde; weil Sie mich doch aber einmal dazu bestellet haben, Sie, wenn Sie sich

vers

verirren, wieder an den Weg zu erinnern: so wollte ich, Sie ließen diese unendliche Materie der Physiognomik und kehrten zu Ihrer allgemeinern Betrachtung zurück. Mir, die ich immer nur mit dem Wenigsten zufrieden bin, ists genug, daß jede Organisation die Erscheinung eines Systems innerer lebendigen Kräfte sei, die nach Gesetzen der Weisheit und Güte eine Art kleiner Welt, ein Ganzes bilden. Ich wünschte, daß ich den Geist der Rose zu meiner Arbeit zaubern könnte, daß er mir sagte, wie er ihre schöne Gestalt gebildet habe, oder da auch sie nur eine Tochter des Rosenbusches ist, daß mir die Dryade desselben es erklärte, wie sie von der Wurzel aus bis zum kleinsten Zweige ihr Bäumchen belebte. Als Kind schon bin ich oft vor einem Baum, einer Blume stille gestanden und habe die sonderbare Harmonie angestaunt, die sich in jedem lebendigen Geschöpf von unten zu bis oben aus zeiget: ich verglich mehrere derselben und habe mit Mus-

stes

sterung der Blätter, der Zweige, der Blüthen, der Stämme, des ganzen Wuchses der Bäume und Pflanzen manche müßige Stunde verträumt. Die Begierde, solche eigenthümliche schöne Gestalten lebendig nachzuzeichnen schärfte meine Aufmerksamkeit und oft kam ich in ein so vertrauliches Gespräch mit der Blume, dem Baum, der Pflanze, daß ich glaubte, ihr ergriffenes Wesen müßte in meine kleine Schöpfung wandern. Aber vergebens; diese blieb ein todtes Nachbild und jenes schöne vergängliche Geschöpf stand da mit aller Fülle stiller Selbstgnügsamkeit und eines gleichsam in und für sich selbst vollendeten Daseyns. Ueber diese Materie reden Sie mehr und helfen meiner stammelnden Natursprache.

Theophron. Liebe Theano, die wird nun wohl immer eine Sammlerin bleiben. Ins innere Wesen der Dinge hineinzuschauen, haben wir keine Sinne; wir stehen von außen und müssen bemerken. Mit je scharfsinnigerm, stil-

les

lerem Blick wie dies thun: desto mehr offenbaret sich uns die lebendige Harmonie der Natur, in der jedes Ding das vollkommenste Eins und doch Jedes mit Jedem so vielfach und mannichfaltig verwebt ist. Die Kunst schleicht dieser Beobachtung der Natur nach und die neuere aufmerksamere Naturlehre ist ihre Schwester. Sie beobachtet in jedem Dinge nur was es sei? wie es sich gestalte? wie es leide und wirke? und hat über Pflanzen, Bäume, Mineralien, Thiere u. s. über ihre Entstehung, ihr Wachsthum, ihre Blüthe und Abblüthe, über Krankheiten, Tod und Leben derselben Schätze von Erfahrungen gesammlet, die uns bei jedem einzelnen Gegenstande eine Welt von selbst-bestehender Harmonie, Güte und Weisheit zeigen. Hievon ist aber jetzt nicht zu reden: man muß dies alles in schönen Frühlings- und Sommertagen lieber sehen, als jetzt im dunkeln Abendgespräch davon hören. Worauf ich Sie aufmerksam machen möchte, sind die einfachen Gesetze,

setze, nach welchen alle lebendigen Kräfte der Natur ihre tausendfältigen Organisationen bewirken: denn alles was die höchste Weisheit thut, muß höchst=einfach seyn. Die Gesetze nämlich scheinen mir in drei Worten zu liegen, die im Grunde alle wieder nur Ein lebendiger Begriff sind.

1. **Beharrung** d. i. innerer Bestand jeglichen Wesens.

2. **Vereinigung** mit Gleichartigem und vom Entgegengesetzten Scheidung.

3. **Verähnlichung** mit sich und Abdruck seines Wesens in einem andern.

Wollen Sie mich darüber, damit ich Ihren Ausdruck brauche, Theano, auch stammeln hören: so steht Ihnen meine Rede zu Dienst. Wir wenigstens, Philolaus, setzen unserm Gespräche über den Spinoza den Kranz auf: denn Sie wissen, daß er selbst seine Moral auf diese Begriffe bauet.

Zuerst

Zuerst also. Jedes Wesen ist, was es ist und hat vom Nichts weder einen Begriff, noch zu ihm Sehnsucht. Alle Vollkommenheit eines Dinges ist seine Wirklichkeit; das Gefühl dieser Wirklichkeit ist der einwohnende Lohn seines Daseyns, seine innige Freude. In der sogenannten moralischen Welt, die auch eine Naturwelt ist, hat Spinoza alle Leidenschaften und Bestrebungen der Menschen auf diese innere Liebe zum Daseyn und zur Beharrung in demselben zurückzuführen gesucht; in der physischen Welt hat man den Erscheinungen, die aus diesem Naturgesetz folgen, mancherlei zum Theil unwürdige Namen gegeben. Bald heißt es die Kraft der Trägheit, da jedes Ding bleibt, was es ist und ohne Ursache sich nicht verändert: bald heißt es, wiewohl in einem andern Betracht, die Kraft der Schwere, nach welchem jedes Ding seinen Schwerpunkt hat, worauf es ruhet. Trägheit und Schwere sind eben sowohl als ihre Gegnerin die Bewegung nur Erschei-

nuns

nungen, da Raum und Körper selbst nur Erscheinungen sind; das Wahre, Wesentliche in ihnen ist Beharrung, Fortsetzung seines Daseyns, aus welchem es sich selbst nicht stören kann noch mag. Daß jedes Ding nun nach einem Zustande der Beharrung strebe, zeiget selbst seine Gestalt an und Sie werden, liebe Theano, als eine Naturzeichnerin sich in der Form der Dinge manches erklären können, wenn Sie darauf merken. Wir wollen das leichteste Beispiel aus dem System der Dinge nehmen, die mit der größesten Gleichartigkeit die leichteste Beweglichkeit verknüpfen und sich also gleichsam eine Gestalt wählen können. Wir nennen dies *flüßige Dinge.* Wohlan nun, Philolaus, alle flüßige Dinge, deren Theile gleichartig zu einander ohne Hinderniß wirken, welche Gestalt nehmen sie an?

Philolaus. Die Gestalt eines Tropfens.

Theophron. Und warum eines Tropfens? Sollen wir etwa ein Tropfen-bilden des Principium in der Natur annehmen, das diese Gestalt willkührlich liebe?

Philolaus. Mit nichten! Der Tropfe ist eine Kugel; in einer Kugel treten um Einen Mittelpunkt alle Theile gleichartig in Harmonie und Ordnung. Die Kugel ruhet auf sich selbst: ihr Schwerpunkt ist in der Mitte; ihre Gestalt ist also der schönste Beharrungszustand gleichartiger Wesen, die um diesen Mittelpunkt in Verbindung treten und mit gleichen Kräften einander das Gegengewicht leisten. Nach nothwendigen Gesetzen der Harmonie und Ordnung wird also eine Welt im Tropfen.

Theophron. Mithin, lieber Philolaus, haben Sie in dem Gesetz, darnach sich der Tropfe bildet, zugleich die Regel, nach welcher sich unsre Erde, die Sonne und alle Himmelssysteme bildeten. Denn auch unsre Erde ging einst aus dem flüßigen Zustande hervor und sammlete sich zum Tropfen. So die Sonne und jenes ganze

ganze System, in dem sie mit anziehender Gewalt herrschet, ist ein größerer Tropfe. Alles senkt sich in Radien herab und wird nur durch andre Kräfte im Umlauf erhalten; der Umlauf aller Planeten muß sich also mehr oder minder dem Kreise nähern. Die Sonne in ihrem System bildet mit Millionen andrer Sonnen wiederum einen Kreis oder eine Ellipse, nachdem sie sich um einen gemeinschaftlichen Mittel- oder Brennpunkt bewegen, wie es die Milchstraße zeigt, wie es jene Systeme von Sonnen, die Nebelsterne, zeigen. Allesammt lichte Tropfen aus dem Meer der Gottheit, die nach einwohnenden ewigen Gesetzen der Harmonie und Ordnung in ihrer Gestalt und in ihrem Lauf ihren **Beharrungszustand** suchten und ihn fanden. Nicht anders als in der Gestalt der Kugel und im Kreislauf, dem Produkt entgegengesetzter Kräfte, konnten sie ihn finden; nicht aus Willkühr, sondern nach innern Gesetzen gleichartig-wirkender Kräfte in der Flüßigkeit, in der Kugelgestalt, in der elliptischen Kreisbewegung. Die kleine Thräne, Theano, die Sie des Morgens im Kelch einer Rose finden, zeigt Ihnen das Gesetz, nach welchem sich Erde, Sonnen und alle Sonnen, ja alle Weltsysteme bildeter. Denn wenn wir unsrer Phantasie den ungeheuern Flug verstatten, sich das ganze Weltall zu denken: so wird kein Riese daraus, sondern eine Kugel, die auf sich selbst ruhet.

Theano. Ich danke Ihnen, Theophron, für die unermeßliche Aussicht nach einem so einfachen, in sich selbst bestehenden Naturgesetz; aber kommen Sie zu unsrer Erde oder wenigstens zu unserm Sonnensystem zurück: denn ich mag so hoch nicht fliegen. Sie sprachen von einem zweiten Naturgesetz, daß sich alles Gleichartige vereine und das Entgegengesetzte scheide; wollen Sie nicht davon Beispiele geben?

Theophron. Ich bleibe bei meinem flüßigen Tropfen. Sie kennen doch, Theano,

den

den Stein des Hasses und der Liebe in der Naturwelt?

Theano. Den Magnet meynen Sie.

Theophron. Ihn selbst und obwohl seine Theorie noch sehr im Dunkel liegt: so sind doch die Erfahrungen mit ihm desto offenbarer. Sie kennen also seine zwei Pole und deren freundliche oder feindliche Wirkung?

Theano. Ich kenne sie und auch das ist mir bekannt, daß es einen Punkt der größesten Liebe und einen Punkt der völligen Gleichgültigkeit auf seiner Axe gebe.

Theophron. So wissen Sie alles, was ich zu meinem Beispiel brauche. Sehen Sie den Magnet als einen runden Tropfen an, in den sich die magnetische Kraft so gleichartig und regelmäßig vertheilt hat, daß ihre entgegenstehenden Enden den Nord- und Südpol machten. Ihnen ist bekannt, daß Einer ohne den andern nicht entstehen kann.

Theano. Ich weiß es und daß wenn man sie verändert, man sie beide verändere.

Theophron. Sie haben also am Magneten das schönste Bild, von dem was Haß und Liebe in der Schöpfung sei und ich bin gewiß, daß man bei mehreren und vielleicht bei allen Flüßigkeiten das Nämliche entdecken werde.

Philolaus. Und dies Nämliche ist? —

Theophron. Daß wo ein System von gleichartigen Kräften eine Axe gewinne, sie sich um dieselbe und um ihren Mittelpunkt so lagern, daß jedes Gleichartige zum gleichartigen Pol fließt und sich von demselben durch alle Grade der Zunahme bis zur Culmination, sodann durch den Punkt der Gleichgültigkeit bis zum entgegengesetzten Pol nach geometrischen Gesetzen ordne. Jede Kugel würde auf diese Weise eine Zusammensetzung zweier Halbkugeln mit entgegengesetzten Polen, so wie jede Ellipse mit ihren beiden Brennpunkten; und die Gesetze dieser

ser Construction lägen nach vesten Regeln in den Wirkungskräften des Systems, das sich also bildete. So wenig es bei einer Kugel einen Nordpol ohne einen Südpol geben kann: so wenig kann es bei einem System von Kräften, das sich regelmäßig bildet, eine Gestalt geben, in der sich nicht eben sowohl das Freundschaftliche und Feindschaftliche trennete, mithin eben durch das Gegengewicht, das beide einander nach ab= und zunehmenden Graden des Zusammenhanges leisten, ein Ganzes bildete. Wahrscheinlich könnte es kein System elektrischer Kräfte in der Welt geben, wenn es nicht zwei einander entgegengesetzte Elektricitäten gäbe, die man durch die Erfahrung auch wirklich gefunden hat. Ein Gleiches ists mit der Wärme und Kälte: ein Gleiches wahrscheinlich mit jedem System von Kräften, die nur durch das Mannichfaltige Einheit und durch das Entgegengesetzte Zusammenhang erhalten können. Die bemerkende Naturlehre, die noch so jung ist,

ist, wird in diesem allen einmal weit reichen, so daß sie zuletzt jede blinde Willkühr aus der Welt verbannen wird, bei der alles aus einander fiele und im Grunde alle Gesetze der Natur aufhörten. Denn Sie müssen mirs zugestehen, meine Freunde, wirkt der Magnet, die elektrische Kraft, das Licht, die Wärme und Kälte, die Anziehung, die Schwere u. f. willkührlich; ist das Dreieck kein Dreieck, der Cirkel kein Cirkel: so mögen wir nur alle Bemerkungen der Physik und Mathematik für Unsinn erklären und auf willkührliche Offenbarungen warten. Ists aber gewiß, daß wir schon bei so vielen Kräften mathematisch-genaue Naturgesetze gefunden haben; wer wollte uns die Grenze setzen, wo sie nicht mehr zu finden seyn, sondern wo der blinde Wille Gottes anhübe? In der Schöpfung ist Alles Zusammenhang, Alles Ordnung; findet also irgendwo nur Ein Naturgesetz in ihr statt: so müssen allenthalben Naturgesetze walten oder die Schöpfung fällt wie ein Chaos aus einander.

Thea=

Theano. Sie entfernen sich aber, m. Fr. vom Gesetz des Hasses und der Liebe, wo nach Ihrem System Eins nicht ohne das andre seyn kann.

Theophron. Weil alles in der Welt das ist, was seyn kann: so muß auch das Entgegengesetzte daseyn und ein Gesetz der höchsten Weisheit muß eben aus diesem Entgegengesetzten, aus dem Nord- und Südpol allenthalben ein System bilden. In jedem Kreise der Natur ist die Tafel der zwei und dreissig Winde, in jeder Linie eines Sonnenstrals die ganze Farbenpyramide da und es kommt nur darauf an, welcher Wind jetzt und dann wehe, welche Farbe hie oder da erscheine. Sobald aus dem Flüssigen das Veste hervortritt, krystallisirt und bildet sich alles nach innern Gesetzen, die in diesem System wirkender Kräfte lagen. Alles ziehet sich an oder stößt zurück oder bleibt gleichgültig gegen einander und die Axe dieser wirkenden Kräfte geht zusammenhangend durch alle

Grade. Der Chymiker veranstaltet nichts als Hochzeiten und Trennungen; die Natur auf eine viel reichere, innigere Weise. Alles sucht und findet sich, was sich einander liebet und die Naturlehre selbst hat nicht umhin gekonnt, den Ausdruck einer **Wahl-Anziehung** bei den Verbindungen ihrer Körper anzunehmen; was einander entgegengesetzt ist, entfernt sich von einander und kommt nur durch den Punkt der Gleichgültigkeit zusammen. Oft wechseln die Kräfte rasch: ganze Systeme verhalten sich anders, als einzelne Kräfte des Systems unter einander: Haß kann Liebe, Liebe kann Haß werden; alles aus Einem und demselben Grunde, da Jedes System nämlich in sich selbst **Beharrung** sucht und darnach seine **Kräfte ordnet**. Sie sehen, wie behutsam man also bei jenen Analogieen äußerer Erscheinungen seyn muß, indem man nicht sogleich berechtigt ist, den Magnetismus z. B. und die Elektricität für Eins zu halten, weil man bei

ihnen

ihnen einige ähnliche Gesetze findet. Die Systeme von Kräften können sehr verschieden von einander seyn und doch nach Einerlei Gesetzen wirken, weil in der Natur zuletzt Alles zusammenhangen muß und nur Ein Hauptgesetz seyn kann, nach welchem sich auch die verschiedensten Kräfte ordnen.

Theano. Ihr Gesetz der Beharrung, des Hasses und der Liebe kommt meinem Bedünken nach diesem Hauptgesetz sehr nahe: denn ohngeachtet aller zahllosen Verschiedenheiten und entgegengesetzten Erscheinungen in der Natur erscheint es allenthalben. Ich möchte einige Augenblicke ein höherer Geist seyn, um diese große Werkstäte in ihrem Innern zu betrachten.

Theophron. Wünschen Sie das nicht, Theano. Der Zuschauer von außen hat es vielleicht besser, wenigstens angenehmer, als ein Zuschauer von innen, der doch auch nie das Ganze übersehen könnte. Der Zuschauer vor

dem

dem Schauplatz steht bequemer, als der in der Coulisse lauschet. Die Erforschung der Wahrheit hat den größeren Reitz; das Haben derselben macht vielleicht satt und träge. Der Natur nachzugehen, ihre hohen Gesetze erst zu ahnen, dann zu bemerken, zu prüfen, sich darüber zu vergewissern; jetzt sie tausendfach bestätigt zu finden und neu anzuwenden; allenthalben endlich dieselbe weiseste Regel, dieselbe heilige Nothwendigkeit wahrzunehmen, lieb zu gewinnen, sich selbst anzubilden; das eben macht den Werth eines Menschenlebens. Denn gute Theano, sind wir blos Zuschauer; sind wir nicht selbst Schauspieler, Mitwirker der Natur und ihre Nachahmer? Herrschen im Reich der Menschen nicht auch Haß und Liebe? und sind beide zu Bildung des Ganzen nicht gleich nothwendig? Wer nicht hassen kann, kann auch nicht lieben; nur er muß recht hassen und recht lieben lernen. Es giebt auch einen Punkt der Gleichgültigkeit unter den Menschen; dies

ist

ist Gottlob aber in der ganzen magnetischen Axe nur Ein Punkt. *a*)

Philolaus. Jetzt muß ich Sie erinnern, Theophron, daß Sie uns noch Ihr drittes Stück des großen Naturgesetzes schuldig sind, nämlich, „wie sich die Wesen einander verähnlichen und in Abdrücken ihrer Art eine fortwährende Reihe bilden.

Theano. Hier darf ich mich doch nicht entfernen, Theophron?

Theophron. Um aller Grazien willen nicht, Theano, da wir von dem heiligsten und gewiß einem göttlichen Gesetz reden. Alles was sich liebt, verähnlichet sich einander. Wie zwo Farben zusammenstralen, daß eine mittlere dritte werde, so werden auf eine wunderbare Weise schon durch das Theilnehmende Beisammenseyn menschliche Gemüther, ja sogar Gebehrden und Gesichtszüge, die feinsten Uebergänge der Denkart

---

a) Von der Analogie dieser Beispiele soll anderswo geredet werden.

art und Handlungsweise einander ähnlich. Der Wahnsinn, Krankheiten, die Schwärmerei, die Furcht und alle Affecten sind ansteckende Uebel; nicht durch das was in ihnen Uebel oder ein Nichts ist, sondern durch die Stärke ihrer wirkenden Kräfte; wie dann sollte sich nicht die Wirkung regelmäßiger Kräfte, d. i. Ordnung, Harmonie, Schönheit mit viel wesentlicherer Macht auf andere erstrecken und sich ihnen mittheilen? Nur dadurch sahen wir Organisationen werden, daß stärkere Kräfte die schwächern in ihr Reich ziehen und nach eingepflanzten Regeln einer nothwendigen Güte und Wahrheit sie zu einer Gestalt bilden. Alles Gute theilt sich mit: es hat die Natur Gottes, der sich nicht anders als mittheilen konnte; es hat auch seine unfehlbare Wirkung. Die Regeln der Schönheit z. B. dringen sich uns auf, sie stralen uns an: sie gehen unvermerkt in uns über und eben dies ist das Geheimniß der überall zusammenhangenden, wirkenden, in sich selbst bestehen-

den

den Schöpfung. Das freundschaftliche Beisammenseyn menschlicher Gemüther verähnlichet sie einander ohne Gewalt, ohne Worte. Wie Leibnitz einen idealischen Einfluß der Monaden auf einander annahm: so möchte ich diesen idealischen Einfluß zum geheimen Bande der Schöpfung machen, das wir bei denkenden, bei handelnden Wesen unwidertreiblich und unzerstörbar bemerken. Verzweifle niemand an der Wirkung seines Daseyns; je mehr Ordnung in demselben ist, je gleichförmiger den Gesetzen der Natur es handelt: desto unfehlbarer ist seine Wirkung. Es wirkt wie Gott allmächtig und kann nicht anders als ein Chaos um sich her ordnen, Finsterniß vertreiben, damit Licht werde; es verähnlichet seiner schönen Gestalt alles was mit ihm ist, ja selbst mehr oder minder, was ihm im Streit begegnet. a)

Thea-

---

a) S. über diese allgemeinen Naturgesetze, insonderheit über die Affinität und Verähnlichung der

Theano. Erquickende, schöne Wahrheit, Theophron! Sie führet schon dadurch das Siegel der Wahrheit mit sich, daß sie unserm Herzen zuspricht und tausend Erfahrungen meines Lebens in mir aufrufft. Es liegt eine unnennbare Kraft in dem was Daseyn eines Menschen ist, wie sein handelndes stilles Beispiel wirket. Alles Gute in mir ist auf diese Weise mein worden und Ihre Gedankenweise ist mir eben deßwegen lieb, Theophron, da sie mir allenthalben den All-Wirksamen gegenwärtig macht, der durch das Daseyn seiner Geschöpfe selbst in wesentlichen Regeln der Harmonie und Schönheit auf uns wirket. Jetzt fühle ichs, daß Alles Gott ähnlich werden soll, ja wenn ich so sagen darf, ihm ähnlich werden muß, was in seinem Reich lebet. Sein Wesen, seine Gedanken und Wirkungen dringen sich uns auch wider unsern

---

der Wesen vortreffliche Anmerkungen in den Betrachtungen über das Universum, Erfurt 1777.

sern Willen in tausend und abermal tausend Erweisen seiner Ordnung, Güte und Schönheit als unwandelbare Regeln auf; wer nicht folgen will, muß folgen: denn alles ziehet ihn, er kann der allgewaltigen Kette nicht entweichen. Wohl dem, der willig folgt: er hat den süßen, täuschenden Lohn in sich, daß er sich selbst bildete, obwohl ihn Gott unabläßig bildet. Indem er mit Vernunft gehorcht und mit Liebe dient: so präget sich ihm aus allen Geschöpfen und Begebenheiten das Gepräge der Gottheit auf: er wird vernünftig, gütig, ordentlich, glücklich; er wird Gott ähnlich. — Aber lassen Sie uns zur physischen Haushaltung zurückkehren. Ist nicht ein Zwang darinn, daß Eine Kräft die andre überwältigt, sie an sich zieht und mit ihrer Natur vereinigt? Wenn ich bemerke, daß alles Leben der Geschöpfe auf der Zerstörung andrer Gattungen ruhe, daß der Mensch von Thieren, Thiere von einander oder auch nur von Pflanzen und Früchten leben: so

sehe

sehe ich freilich Organisationen, die sich bilden, aber die zugleich andre zerstören, d. i. Mord und Tod in der Schöpfung. Ist nicht ein Gräschen, eine Blume, eine Frucht des Baums, endlich ein Thier, das dem andern zur Speise wird, eine so schöne Organisation, als die Organisation dessen ist, der es zerstörend in sich verwandelt? Vertreiben Sie mir diese Wolke, Theophron, die sich mir wie ein Schleier vors Angesicht der Sonne ziehet, die mir aus jedem Geschöpf strafe.

Theophron. Sie wird fliehen, Theano, wenn Sie bemerken, daß ohne diesen scheinbaren Tod in der Schöpfung alles wahrer Tod, d. i. eine träge Ruhe, ein ödes Schattenreich wäre, in welchem alles wahre, wirksame Daseyn erstürbe. Eben jetzt sprachen Sie wie eine Schülerin des Plato; haben Sie in Ihrem Lehrer nicht gefunden, daß in dem Veränderlichen Alles Veränderung, daß auf dem Flügel der Zeit Alles Fortgang, Eile, Wanderung sei?

Hem-

Hemmen Sie nun Ein Rad in der Schöpfung und alle Räder stehen stille: laſſen Sie Einen Punkt deſſen was wir Materie nennen, träge und todt ſeyn; ſo iſt Tod allenthalben. Sie ſind, Philolaus, doch nicht des unphiloſophiſchen Wahns, daß es z. B. Einen abſolut-harten Körper in der Natur gebe?

Philolaus. Wie könnte ichs ſeyn? An ihm würde alle Bewegung zu Schanden und ſo unendlich klein er wäre, hemmte er die Räder der ganzen Schöpfung.

Theano. Wohlan alſo, wenn es keine abſolute Ruhe, keine völlige Undurchdringlichkeit, Härte, Träge geben kann, die ein Alles-entkräftendes Nichts, mithin ein Widerſpruch wäre; ſo müſſen wir uns ſchon, meine Freunde, mit unſern Gedanken auf den Strom des Plato wagen, wo alles Veränderliche eine Welle, wo alles Zeitliche ein Traum iſt. Sie erſchrecken, Theano? Fürchten Sie nicht: es iſt die

Welle eines Stroms, der selbst ganz Daseyn ist, der Traum einer selbstständigen, wesentlichen Wahrheit. Der Ewige, der in Erscheinungen der Zeit, der Untheilbare, der in Gestalten des Raums sichtbar werden wollte, konnte nicht anders als jeder Gestalt das kürzeste und zugleich das längste Daseyn geben, das nach dem Bilde des Raums und der Zeit ihre Erscheinung fodert. Alles was erscheint, muß verschwinden; es verschwindet sobald es kann, es bleibt aber auch so lange es kann; hier wie allenthalben fallen die beiden Extreme zusammen und sind eigentlich Eins und dasselbe. Jedes beschränkte Wesen bringt als Erscheinung den Keim der Zerstörung schon mit sich: mit unaufhaltbarem Schritt eilt es zur größten Höhe hinauf, damit es hinunter eile und unsern Sinnen das Kleinste werde. Sie bemerken, daß dieses schon in der Gestalt der Linie liegt, die ich hier zeichne.

 Theano. Traurige Bemerkung!

           Theo=

Theophron. Sehen Sie die Blume an, wie sie zu ihrer Blüthe eilet. Sie ziehet den Saft, die Luft, das Licht, alle Elemente an sich und arbeitet sie aus, damit sie wachse, Lebensaft bereite und eine Blüthe zeige; die Blüthe ist da und sie verschwindet. Sie hat alle ihre Kraft, ihre Liebe und ihr Leben daran gewandt, damit sie Mutter werde, damit sie Bilder ihrer selbst zurücklasse und ihr kräftiges Daseyn vermehrend fortpflanze. Nun aber ist auch ihre Erscheinung hin: sie hat solche im Rastlosen Dienst der Natur verzehret und man kann sagen, daß sie vom Anfange ihres Lebens an auf ihre Zerstörung gearbeitet habe. Was ist aber in ihr zerstört, als eine Erscheinung, die sich nicht länger halten konnte, die, da sie den höchsten Punkt der Linie erreicht hatte, in welchem eben die Gestalt und das Maas ihrer Schönheit lag, wieder hinabwärts eilte. Dies that sie nicht etwa, welches ein trauriges Bild wäre, jüngern lebendigen Erscheinungen als eine jetzt todte Platz zu machen; als eine Lebendige vielmehr brachte sie mit aller Freude des Daseyns das Daseyn derselben hervor und überließ es in einem Keim der weisesten schönsten Gestalt dem ewigblühenden Garten der Zeit, in welchem auch sie blühet. Denn sie selbst ist mit dieser Erscheinung nicht gestorben; die Kraft ihrer Wurzel dauret fort; aus ihrem Winterschlaf wird sie wieder erwachen und aufstehn in neuer Frühlings- und Jugendschöne, die Töchter ihres Daseyns, die jetzt ihre Freundinnen und Schwestern sind, an ihrer jungfräulichen, holden Seite. Es ist also kein Tod in der Schöpfung; er ist ein Hinwegeilen dessen, was nicht bleiben kann, d. i. Wirkung einer ewig=jungen, Rastlosen, daurenden Kraft, die ihrer Natur nach keinen Augenblick müßig seyn, stille stehn, unthätig bleiben konnte; immer und immer arbeitet sie auf die reichste, schönste Weise zu ihrem und zu so viel andrer Daseyn, als sie Daseyn hervorzubrinbringen, mitzutheilen vermochte. In einer Welt, wo sich alles verwandelt, ist jede Kraft in ewiger Wirkung, mithin in ewiger Verwandlung ihrer Organen: denn diese Verwandlung selbst ist eben der Ausdruck ihrer unzerstörbaren Wirksamkeit voll Weisheit, Güte und Schönheit. So lange die Blume lebte, arbeitete sie zu ihrem eigenen Flor, wie zur Vervielfältigung ihres Daseyns; sie ward eine Schöpferin durch eigne organische Kräfte, das Höchste, was ein Geschöpf werden kann. Als sie starb, entzog sie der Welt eine verlebte Erscheinung: die innere lebendige Kraft, die sie trug und hervorbrachte, zog sich in sich selbst zurück, um sich abermals in junger Schönheit der Welt zu zeigen. Können Sie sich ein schöneres Gesetz der Weisheit und Güte in dem was Veränderung heißt, gedenken, Theano, als daß sich alles zum neuen Leben, zu neuer Jugendkraft und Schönheit im raschesten Lauf dränge und daher jeden Augenblick verwandle?

Thea=

Theano. Ich sehe einen schönen Schimmer, Theophron; aber die Morgenröthe sehe ich noch nicht.

Theophron. Gedenken Sie sich nun alle Naturkräfte in dieser rastlosen Arbeit, in dieser Eile zur Verwandlung auf dem Flügel der Zeit. Kein Theilchen eines Blattes kann einen Augenblick müßig seyn, oder es wäre Tod in der Schöpfung. Es zieht an, es stößet hinweg und dunstet aus; darum, Theano, ist das Blatt mit seinen beiden Seiten so verschieden gebildet: immer und ewig wechseln die ihm einwohnenden Kräfte ihre organischen Kleider. Leben ist also Bewegung, Wirkung; Wirkung einer innigen Kraft, mit dem tiefsten Genuß und Bestreben einer Beharrung verbunden. Und da im Reich der Veränderung nichts unverändert bleiben kann und doch Alles sein Daseyn erhalten will und muß: so ist alles in dieser rastlosen Bewegung, in dieser ewigen

Palin-

Palingenesie, damit es immer daure und ewig jung erscheine.

Theano. Ob diese Verwandlung aber auch Fortrückung wäre?

Theophron. Gesetzt, sie wäre dies auch nicht; sie wäre aber das einzige Mittel, dem Tode und einem ewigen Tode zu entgehen d. i. sie erhielte unsre lebendige Kraft in fortdaurender Wirkung, in inniggefühltem Daseyn: so wäre sie schon eine so wünschenswerthe Wohlthat, als ein ewiges Leben vor einem ewigen Tode wünschenswerth ist. Nun aber, Theano, können Sie sich wohl ein fortgesetztes Leben, eine immerhin fortwirkende Kraft ohne Fortwirkung d. i. einen Fortgang ohne Fortgang denken?

Theano. Es scheint ein Widerspruch.

Theophron. Und ist einer. Zwar muß jede Kraft, die im Raum und in der Zeit Erscheinungen annimmt, die Schranken behalten,

die

die ihr eben Raum und Zeit geben. Mit jeder Wirkung aber macht sie ihre folgende Wirkung leichter und da sie dies nicht anders als nach eingepflanzten innern Regeln der Harmonie, Weisheit und Güte thun kann, die sich, wie Sie eben selbst behauptet haben, jedem Geschöpf liebreich aufdringet, einprägt und ihm bei jeder seiner Wirkungen beisteht: so sehen Sie allenthalben ein Fortrücken aus dem Chaos zur Ordnung, eine innige Vermehrung und Verschönerung der Kräfte in neu-erweiterten Schranken nach immer mehr beobachteten Regeln der Harmonie und Ordnung. Jeder blinden Kraft dringet sich Licht, jeder Regellosen Macht Vernunft und Güte auf: keine ihrer Uebungen, keine Wirkung in der Schöpfung war vergebens. Es muß also Fortgang seyn im Reiche Gottes, da in ihm kein Stillstand, noch weniger ein Rückgang seyn kann. Uebrigens darf unser Auge sich an den Gestalten des Todes nicht

stoßen:

stoßen: denn ist kein Tod in der Schöpfung, so giebt es auch keine Gestalt des Todes. Heiße diese Verwesung, Nahrung, Zermalmung; sie ist Uebergang zur neuen jungen Organisation, das Einspinnen der alten abgelebten Raupe, damit sie als ein neues Geschöpf erscheine. Sind Sie befriedigt, Theano?

Theano. Ich bins und verlasse mich auf die weiseste, höchste Güte, die mich hieher brachte, mir ohne mein Verdienst so viele Kräfte, gewiß nicht umsonst, gab und mich mit tausend Kräften voll Liebe und Güte umringt, meinen Verstand, mein Herz, meine Handlungen nach Einer ewigen Regel nothwendiger, in sich selbst gegründeter Weisheit und Güte zu ordnen. — Aber Philolaus, Sie schweigen und lassen mich, die schweigen sollte und wollte, reden. Sie vergessen selbst Ihre Schreibtafel.

Philolaus. Ich will nachholen und sogleich eine Reihe Folgen hinzusetzen, die aus

Theo-

Theophrons System einer in sich selbst nothwendigen Wahrheit und Güte mir unwidersprechlich zu folgen scheinen. Beim zweiten Satz bin ich stehen geblieben; also:

III. **Alle Kräfte der Natur wirken organisch. Jede Organisation ist nichts als ein System lebendiger Kräfte, die nach ewigen Regeln der Weisheit, Güte und Schönheit einer Hauptkraft dienen.**

IV. **Die Gesetze, nach denen diese herrscht, jene dienen, sind: innerer Bestand eines jeglichen Wesens, Vereinigung mit Gleichartigem und vom Entgegengesetzten Scheidung, endlich Verähnlichung mit sich selbst und Abdruck seines Wesens in einem andern. Sie sind Wirkungen, dadurch sich die Gottheit selbst offenbart hat und keine andre, keine höhere sind denkbar.**

V. **Rein**

V. **Kein Tod ist in der Schöpfung,
sondern Verwandlung;** Verwandlung nach dem weisesten besten Gesetz der Nothwendigkeit, nach welchem jede Kraft im Reich der Veränderungen sich immer neu, immer wirkend erhalten will und also durch Anziehen und Abstoßen, durch Freundschaft und Feindschaft ihr organisches Gewand unaufhörlich ändert.

VI. **Keine Ruhe ist in der Schöpfung:** denn eine müßige Ruhe wäre Tod. Jede lebendige Kraft wirket und wirkt fort: mit jeder Fortwirkung also schreitet sie weiter und arbeitet sich aus, nach innern ewigen Regeln der Weisheit und Güte, die auf sie dringen, die in ihr liegen.

VII. **Je mehr sie sich ausarbeitet, desto mehr wirket sie auch auf andre,** erweitert ihre Schranken, organisirt und prägt auf sie das Bild der Güte und Schönheit,

heit, das in ihr wohnet. In der ganzen Natur also herrscht Ein nothwendiges Gesetz, daß aus dem Chaos Ordnung, aus schlafenden Fähigkeiten thätige Kräfte werden. Die Wirkung dieses Gesetzes ist unaufhaltbar.

VIII. Im Reich Gottes exiſtirt alſo nichts Böſes, das Wirklichkeit wäre. Alles Böſe iſt ein Nichts; wir nennen aber Uebel, was Schranke, oder Gegenſatz, oder Uebergang iſt und keins von dreien verdient dieſen Namen.

Ich dürſte, Theophron, mit Ihnen über dieſen Punkt zu ſprechen; eine Theodicee der weiſen Nothwendigkeit iſt in meinen Gedanken.

IX. So wie aber die Schranken zum Maas jeder Exiſtenz im Raum und in der Zeit gehören und im Reich Gottes, wo Alles daiſt, auch das Entgegengeſetzte daseyn muß:

muß: so gehöret es mit zur höchsten Güte dieses Reichs, daß das Entgegengesetzte selbst sich einander helfe und fördre: denn nur durch die Vereinigung beider wird eine Welt in jeder Substanz, d. i. ein bestehendes ganzes Daseyn, vollständig an Güte so wie an Schönheit.

X. Auch die Fehler der Menschen sind einem verständigen Geist gut: denn sie müssen sich ihm bald als Fehler zeigen und helfen ihm also, wie Contraste, zu mehrerem Licht, zu reinerer Güte und Wahrheit. Und auch dies Alles nicht als Willkühr, sondern nach ewigen Gesetzen der Vernunft, Ordnung und Güte.

Sind Sie mit meinen Folgerungen zufrieden, Theophron?

Theophron. Völlig. Ihr scharfsinniger Geist eilet mir immer voran, Philolaus;

wie

wie ein edles Roß, dem man nur die Renn=
bahn öfnen darf und es fliegt zum Ziele. Ich
danke dem Schatten des Spinoza, daß er mir
so angenehme Stunden des Gesprächs mit Ih=
nen verschafft hat: denn mir kommt die Gele=
genheit, über Materien dieser Art zu reden, sel=
ten und doch erheben sie den Geist so einzig und
bilden ihn zur hellen, scharfen, einzigen, noth=
wendigen Wahrheit. Noch gewähren mir diese
Gespräche mit Ihnen ein zweites Vergnügen,
daß sie mir nämlich Ideen der Jugend zurück=
bringen, mit denen ich im Schooße Leibnitz,
Shaftesburi und Plato manche süße Stun=
de gewiß mehr als verträumte.

Theano. Um so lieber wäre es mir, Theo=
phron, wenn Sie etwas Zusammenhangendes
hierüber aufzeichneten. Ein Gespräch verfliegt
und auch einem geschriebenen Gespräch über
Materien dieser Art scheint immer etwas zu feh=
len. Man wird fortgezogen und ist am Ende
ehe

ehe mans dachte; man fühlt aber immer einen
Trieb, zurückzukehren.

Theophron. So kehre man zurück,
Theano, bis das Gespräch uns gleichsam selbst
aus der Seele fließt. Bei manchen seiner
Nachtheile hat es doch das Gute, daß es uns
vor dem Auswendiglernen bewahrt und wahre
Philosophie muß nie auswendig gelernt werden.

Theano. Die Regel möchte ich meinem
Bruder wünschen. Er ist seit einiger Zeit mit
einer Philosophie befangen, die ihm und auch
mir den Kopf verwirret, sobald er davon redet.
Ich wünschte, Theophron, daß Sie den Spinoza, Des-Cartes, Leibnitz und wer es sonst
sei, wegließen und blos Ihre Gedanken auf-
schrieben.

Theophron. Ich halte mich gern an Fußta-
pfen, die vor mir sind, Theano; es fehlet mir

auch noch viel, ein Werk entwerfen zu können, auf welches die nothwendige, ewige Wahrheit selbst ihr Siegel drückte.

www.ingramcontent.com/pod-product-compliance
Lightning Source LLC
Chambersburg PA
CBHW021344230426
43666CB00006B/398